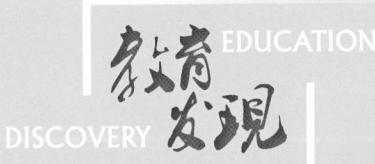

做新教师，从教育发现开始

教育
发现

做新教师，从教育发现开始

JIAOYU JI RENXUE
YIGE JIAOYU JUZHANG DE XINGDONG YANJIU

教育即人学

一个教育局长的行动研究

任永生 著

山东文艺出版社

序一：来自教育行动的研究

郭振有

任永生，一位县区的教育局长，不是一个被业内所熟知的教育人。过去曾读过他在《中国教师报》上写过的一些文章。当读完他的《教育即人学》书稿的时候，我惊讶了，忽然想起唐人的一句诗："花不知名分外娇。"

任永生给我讲了他的经历。他出生于一个农民家庭。师范院校毕业在中学当过教师。教育改变了他的人生轨迹。他也希望通过自己努力，让他的学生成为对社会有用的人。他阅读了大量的教育名家的论著，努力做一个好老师。他时时告诫自己：一定不能做自己在学生时代不喜欢的那种老师。

后来他调离学校，做了多年的行政管理工作。他在研究政治理论和地区经济与社会发展宏观战略的同时，仍然没有停止过对教育的关注和思考。他感觉中国基础教育存在一些特别怪的现象。比如他在书中提到的：让学生学习很多终生没有用处但决定一生命运的东西；让教师做那些与学生发展和自身成长没有关系的事情；校长没有时间和精力去关注他最应该关注的课堂教学；那些根本不懂教育究竟是什么的人在教育领域指手画脚；学习最好的学生不一定能够成才，成绩一般的学生往往有大作为；越是被评为优秀的公开课，学生就越是没有收获；那些琳琅满目的文字和图画被认为就是校园文化,其实许多学校根本没有文化;如果你能够把优质学苗抢到手,你的学校就成为了"名校";课堂成为教师表演的舞台,学生成为课堂的观念;"学生是课堂主人"的口号响彻云霄,我们却常常对主人发号施令;厌学、厌教已不是个别现象,学生大面积辍学,教师想方设法弃教从政……

这些长期而普遍存在的现象真是令人痛心而不可思议的。很多人司空见惯了,习以为常了,无可奈何了。他却在不停地思考,并渴望找到一条解决这些问题的思路和出路。

2008年12月,他调任南票教育局局长。对一个有着很深的教育情结又有宏大的教育理想的人来说,这是一个极好的平台。作为一名基层的教育局长,他没有怨天尤人,也没有埋怨中国的教育体制与机制,而是在思考自己究竟能够为改变中国基础教育做些什么。他没有停留在对教育现状的不满中,而是在不断拷问教育,努力唤醒自己敢于担当的责任。

他对自己的定位是做一个有思想的行动者。他从繁杂的事务性活动中解脱出来,深入学校,走进课堂,思考和研究教育。他觉得虽然没有能力改变现行的人才选拔模式,不能改变相当固化的教育体制和机制,但可以创造小的环境改变人才培养模式,让我们培养出的人才尽量能够适应社会发展的需要。他提出这样的教育主张:打破目中无人的教育;让人真正成为人;道德是知识的最高境界;课堂是素质教育主渠道;学生是教育的最大资源;学是高效课堂逻辑起点;教要为学创造重要条件;构建教为学服务的课堂;赢得教师才能赢得教育;用信仰冲破课改的阻力;让每个学生都能够成为最好的自我;让每个教师都能够成为最幸福的教师;教育在成就学生的同时也成就教师。

他借鉴国内外先进的教育理念和教学模式，正确地处理教与学的辩证关系，在全区倡导：先学后教，多学少教；以学定教，以学评教；以学促教，教学相长；教者也学，学者也教；教为不教，教学合一，努力构建自主合作探究的课堂，实现课堂教学的三维目标。这与新课改的核心理念完全吻合，实践中取得了显著的效果。

《教育即人学》一书，不是一本逻辑体系特别严密的教育理论书籍，也不是一本一般性的经验介绍，而是一本来自教育行动的研究成果。全书既有他的教育主张，也有他的教育行动研究，还有他的教育教学感悟。书中每一篇文字都有现实的针对性，都有当地实践的基础，都是他思考和感悟的升华。语言也朴实亲切，好读又能给人以启迪。

教育既是国计又是民生。现在研究、探讨教育问题的人愈来愈多，好的经验、典型不断涌现。教育体制和教育教学的改革在努力破解各种难题中艰难地跋涉前行。我想《教育即人学》的出版，能够激发更多教育人敢于挑战和创新的精神，能够给区域课改提供一些可以借鉴的东西。也希望作者不断探索，不断总结，为中国基础教育改革做出新的贡献。

(作者系中国教育学会常务副会长)

序二：教育需要"局长学"

李炳亭

几天来，我一直在思考一些与教育貌似无关的问题。比如什么是幸福，什么是快乐，什么是价值……慢慢地我就脸红心悸了。尽管我知道，生命中有些东西原本就需要我们去孜孜求证，陶行知讲"敢垦未垦之疆域"，大概就是这层意思。人必须去遵从内心的召唤，去担当自我领受的使命，如果我们从一开始就背弃了这个基本的认识，那死与生，则显然并不能有本质的区别。

风过疏竹、雁过寒潭，这样的境界可能真的不太适用于我们。我相信我们中的有些人，也曾从苹果树下经过，然后被苹果击中了脑袋，遗憾的是，悟性不同，被苹果击中了脑袋的我们依然是我们，因而我相信，有些人生来确是"为一件大事而来"。当一个人的生命，离其肩负的使命越来越近时，他便人天合一，反之，便是背道而驰。

古人讲道法自然，我相信教育不过是自然之道的过程再现。所谓天地不言，教育的最高境界一定是"无师自通"，而教学的最高艺术，一定是"以四时替代言说"，真正的艺术从来都是"妙不可言"。因而，那些传统教育教学的诸多手段、经验、"艺术"，实在不可与之言"道"。

教育即"人学"，教育的使命就是促进"一切人"的成长发展，为"一切人"的成长发展创造"自然"的条件。教育必须对人无条件地接纳、包容、尊重，"让他成为他自己"。

其实，已经用不着再费尽笔墨对知识教育予以批判，知识教育从来都不是教育的全部，或者说教育从来都不仅仅是传授知识。

教育必须回到"道"上正本清源，去直面和回答三个命题：一、人类为什么需要教育；二、假如取消现行的"教育"，结果会怎样？三、教育的神圣性体现在哪里？大道至简，教育什么时候都没复杂过，所谓复杂，其实是复杂在从事这项工作的人的"复杂"。尽管我们必须包容人之个体的差异，但我们始终不可忘怀"教育是一项'承载'世界和人心的事业"，它决定着人类的共同愿景和前景，教育是对未来的"定义"，这才是教育最本质的"属性"。

可喜的是，教育的这一最本质属性，正被越来越多的教育官员们所认识。当很多人喜欢说，教师决定着教育的未来时，我们还应该说教育官员决定着教育的现在。当我们说有什么样的教师就有什么样的课堂时，我们必须认识到有什么样的教育官员就有什么样的教育生态。

正是基于这样的判断，几年来，我很紧迫地呼唤"局长教育学"的问世。在我看来，所谓教育生态，其中的三个关键词是教育思想、行动研究、机制环境。局长的价值恐怕不只在于是否进课堂的问题，而在于他本身就是生态体制的缩影，他究竟要赋予教育什么样的灵魂，他要承担什么样的教育道义，他要以一个什么样的教育现在来换取一个我们想要的未来。

任永生局长是我多年的课改兄弟，也是中国教师报优秀的特聘专家、作者，他的这部书至少有三个特点：第一，专业性。他对教育和教学的研究之深让我钦佩，其中不乏真知灼见。第二，建设性。他是一个基层教育局长，既是教育的设计者又是施工者，我相信他的"个体经验"将具有十分重要的"普遍意义",我不能人为地"拔高"这本书,否则会有吹捧的嫌疑,但我推崇这本书,是因为它能有资格充当区域课改的"参考书"。一个区域如何推进课改?当专家的研究还没能触及到这个领域时,不妨借这本书拿来开开眼。第三,实用性。必须特别强调,这不是一本"理论书",但又"理论性"很强,他的理论不是空对空研究来的,也不是从前人或别人那里借鉴来的,而是从他近年的教育实践中长出来的,是从问题中来的理论,是基于"一切人"发展的理论。

这三大特点决定了这本书只适合"一部分人"的胃口,这部分人是谁?其实,无需我回答,但我必须重复说这句话:课改是智者的发现,良知的选择,行者的担当。什么样的教育"聪明人",一旦离开了教育之"道",那你无疑是驾驶着一部"灵车",驶往万劫不复的"地狱"而已,教育人什么时候都不能忘记了自己的使命!

如果你依然还有疑问,我建议不妨去辽宁省南票区走走,那里有我所看重的教育。

(作者系《中国教师报》总编辑助理、采编部主任)

自序：教育即人学

教育究竟是什么？这是教育的最基本问题。对这个问题的不同回答，标志着教育立场的不同，因此会有不同的教育思想、教育观念和教育行动策略，当然也就会有不同的教育结果。这是关于教育的出发点和归宿点的最基本也是最根本的问题。

有人说："教育是一项事业，事业的意义在于奉献；教育是一门科学，科学的价值在于求真；教育是一门艺术，艺术的生命在于创新。"古今中外有许多教育家、思想家、哲学家从教育的地位、教育的目的、教育的功能、教育的作用、教育的方法等不同的角度对教育进行了深刻的阐述。我认为，当前最应该弄清的就是教育的目的和作用，这是教育本质的最核心内容。教育的最终目的是让人成为人。教育如何让人成为人，这是教育最根本的问题。

让人成为人，这是教育的唯一目的。只有自然人通过教育成为社会需要的人时，教育才真正成为了教育。社会需要的是有理想、有道德、有文化、有纪律的人，也就是我们通常说的具有社会责任感，具有科学文化知识，具有优秀道德品质和健全人格的人。教育归根结底是关于人的学问，所以，我的观点就是教育即人学。这样就给教育提出了这样一个课题：如何遵循人的天性去搞教育？违反人的天性去搞教育，最终不可能使人成为人。所以教育的出发点就是一切从儿童的天性出发，教育的归宿点就是让人真正成为人。

人要想成为人，就必须学习，学习是什么？学习的过程就是自我构建的过程，自我构建就是利用已有的知识和认知能力对外界的信息不断进行加工整理，不断构建自己的知识体系、能力体系、道德体系，以达到自我完善、自我发展的目的。从这个意义上讲，教育只能为受教育者自我构建提供条件，所以教育即条件。教育不是万能的，教育在人的发展中只是外因，内因就是受教育者的自我构建与自我成长。

儿童的两大天性就是好奇心和表现欲，我们教育就是要利用儿童的天性，为儿童的自我构建和自我成长创造条件。学校教育应该做好这样几件事情：一是唤醒和激发学生的内在正确需求，让儿童的求知欲望越来越强；二是引导儿童学会自我构建的方法和途径；三是为儿童的自我构建与成长提供丰富多彩的条件；四是对儿童的成长与发展进行评价和矫正。我们一切教育活动，如果不变成儿童的内心需求，都会无济于事。

教育归根结底是关于人生的科学，每个人受教育的目的都是为了获得幸福的人生。教育本身必须给人带来幸福才能成为教育。我们应该反问教育：我们的教育过程是否给学生带来了幸福？我们教育的结果是不是给儿童提供了获得人生幸福的基础和条件？可以这样说，我们面前的教育现状不论是过程还是结果，都与学生的幸福离得很远，原因就是我们没有真正把教育作为人学去认识，我们教育实践所有的偏差与失误归根结底都是对"教育是什么"没有完全搞清楚，对教育的一切困惑也都是对"教育是什么"没有完全搞清楚，如果对"教育是什么"没有搞清楚，教育就会离开本真，甚至走向儿童的反面。

教育只有一切从儿童出发，遵循儿童身心发展的规律，构建一种以儿童为中心的教育思想，探索出以学为中心的教育模式，才能使儿童在学习过程中享受快乐，通过教育获得走向幸福人生的本领，才能真正实现让人成为人的终极目标。

目 录

序一　来自教育行动的研究　郭振有
序二　教育需要"局长学"　李炳亭
自序　教育即"人学"

第一章　拷问目中无人的教育
我对教育的担忧 / 3
"三个本位"害了中国的孩子 / 5
教育的三个没做到 / 8
传统课堂三个无解的题 / 10
自卑感和优越感都会害了孩子 / 13
应该给教师减负 / 15
人才的长、宽、高 / 18
学校应该像植物园 / 20

第二章　教育就是让人真正成为人
教育的立场观念和方法 / 25
我心目中的好教师 / 27
我心目中的好课堂 / 29
我心目中的好学校 / 31

我心目中的好学生　/ 33
我心目中的好团队　/ 35
我心目中的好校长　/ 37
我心目中的好教育　/ 39

第三章　坚守心中的教育信仰

我们要做这样的教育人　/ 43
解读教育信仰　/ 44
坚守教育信仰　/ 47
晒晒教育人心中的梦　/ 50
真爱是教育的灵魂　/ 52
师德高度决定教育高度　/ 55
我是谁　我在哪　/ 57

第四章　课堂突破与教育突围

观念革命是最彻底的革命　/ 61
行动革命推动观念革命　/ 64
双轮驱动推动教育改革　/ 67
课改的多重考验　/ 70
课堂革命　/ 73
这条路根本行不通　/ 76
学的均衡才是真正的教育均衡　/ 78
改革课堂生产关系　解放和发展课堂生产力　/ 80
课堂领导力是校长的第一领导力　/ 83
好课不可复制　/ 85

成绩是课堂教学的副产品 / 87
学习发生的地方都是课堂 / 89
知识的最高境界是道德 / 91
应该研究和构建"学习学" / 93

第五章　学是高效课堂的逻辑起点
"学"是高效课堂的逻辑起点 / 97
学生是课堂教学的最大资源 / 99
学习即构建 / 101
教的无奈　学的神奇 / 104
自主才能高效 / 106
"我要学"是第一学习力 / 108
在人性中寻找孩子学习的不竭动力 / 111
"利用"VS"依靠" / 113

第六章　赢得教师就赢得教育
课改必须发生在教师身上 / 117
唤醒温水中的教师 / 120
教师的课改动力究竟在哪里 / 123
"教"是"学"的最重要条件 / 126
教学"三法" / 128
"少讲"并非是弱化教师的作用 / 130
高效课堂教师究竟应该做什么 / 132
点燃与点拨是教师的基本任务 / 134
新教师的新角色 / 137

第七章　构建学本位的新课堂

杜郎口的时代价值 / 147

新课改究竟改什么 / 150

课堂教学结构的战略性调整 / 153

课堂拿什么承载民主 / 156

再谈高效课堂技术 / 158

导学案是高效课堂的施工图 / 160

高效课堂的恰当比喻 / 162

展示是激发学习动力的平台 / 165

质疑的价值是培养求真与创新精神 / 167

第八章　冲破课改重重阻力

两种体系的较量与斗争 / 173

课堂革命究竟"革"了谁的命 / 177

拒绝课改的典型观点 / 182

课改阻力其实来自教育内部 / 184

学习杜郎口的十大误区 / 187

我对 20 个问题的回答 / 191

课改面临的十大挑战 / 201

第九章　思想和行动的辩证法

功德与功利 / 211

"学"与"教"的辩证法 / 214

坐而论道与做而论道 / 217

真干事与干真事 / 219

教育的"道"与"术" / 221
利令智昏与情令智昏 / 223
浮躁与激情 / 225

第十章　我的教育教学微语录
微语勉教师 / 229
微语话课堂 / 231
微语谏校长 / 233
微语诫同行 / 236
微语论教育 / 241
微语言课改 / 246

后记 / 249
附录 / 257

第一章
拷问目中无人的教育

教育的一切出发点和落脚点都应该是学生,为孩子发展做事是我们唯一重要的事情。教育必须给予学生终身发展有用的东西。教育必须让每个孩子都成为最好的自我,而不应该为少数人服务。我们现在没有做到这些,这是教育的悲哀;我们要想真正做到这些,唯一的办法就是不断深化改革,探索新的育人模式,让新的教学模式能够真正承载"一切为了学生,为了学生一切,为了一切学生"的科学思想,让我们的教育真正走出困境。

我对教育的担忧

当我得知 2010 年全国发生了 73 起中小学自杀事件时，心里很是担忧。我们的教育为什么连最底线——孩子的生命都保不住？孩子们学得那么苦那么累，在各种压力下，孩子的心理都扭曲了，甚至轻生，这不能不引起我们对教育的担忧与反思。其实，如果你用心真正走进教育，你就会得出这样的结论：我们的教育真是要命的教育，目中无人是教育的最大问题。当前的教育模式，不可能培养出真正的高科技人才。老科学家钱学森之问，应该引起我们教育工作者的高度重视。如果教育不改革，若干年后，我们拿什么回答钱学森之问？现在，教育几乎天天都在发生着让我们担忧的事情。

当我与一些教育官员谈到通过课堂教学改革改变我们的育人模式的时候，一些领导却不屑一顾地说，做局长的怎么能关注课堂这样的小事情，局长应该研究战略性、全局性的问题。我说课堂就是教育天大的事情，课堂革命是中国走向教育强国的唯一出路。

当我与一些校长探讨课堂教学改革的路径时，从他们的表情上我没有感觉他们内心的波动与兴奋，我很是担忧，现在如果校长不热衷于课堂改革，我们的教育改革如何深化？所以我告诉他们，校长的第一领导力是对课程和课堂的领导力。

当一些真正想改变中国教育现状的有识之士大声疾呼，中国教育必须改革,并拿出治病的良方时,一些所谓懂教育的人却说他们太偏激,其实,这些说别人偏激的人恰是当前改革的最大阻力。好在有历史责任感的人,不会因为他们的攻击而改变自己的主张,我就是从这些偏激的勇士身上看到了中国教育的希望。

当一些所谓的教育专家在报告会上大讲特讲教师如何教,而闭口不谈学生如何学,不时还赢得一些掌声的时候,我更是担忧,这些人什么时候才能收起他们这些以师为本、以教为本的老一套?如果不收起,我们要想改革,就要像哥白尼将太阳中心说与地心学的斗争进行到底一样,誓死捍卫人本教育。

当把一些耀眼的光环披在那些好表演、不管学生会不会的教师身上的时候,我们是否反思过,什么是教得好?把学生当作观众,自己尽情表演的老师是好老师吗?这样的课堂,学生能力怎么培养?优秀品质、健全人格怎么培养?为什么给他们戴上名师的光环?我们的价值取向是不是错位了?

当一些政府向所谓的名校大量投入的时候,领导是否考虑过教育的均衡发展?名校没有一个不是优质教育资源的霸占者,许多所谓的名校就是靠优质的教育资源,搞学苗"争夺大战",他们之所以能有高的升学率,原因就是他们聚集了一群会学习的孩子。

凡此种种,教育令我们担忧的事情太多了,我们的教育就像是在温水里煮青蛙一样,表面看平平静静、舒舒服服,却潜藏着很大的危机。我最担心的还不是教育的现状,我最担心的是醒悟的人少,探讨和实践的人少,想跳出来的人少;我更担心的是在跳出来的过程中,要冲破的艰难险阻。但我还是坚信只要我们向既定目标前进,全世界的人都会为我们让路的。

"三个本位"害了中国的孩子

课堂教学改革，目的就是想让教育回到本真，但为什么这样难呢？一切为了学生，为了学生一切，为了一切学生。多么简单的道理啊，谁都懂，但我们真正做起来偏差就大了。现实的教育离我们的口号太远了，我们的真实教育让许多孩子受到了伤害。那么究竟是什么害了中国的孩子呢？我认为，"官本位、教本位、知识本位"害了我们的孩子。

一些教育主政者，官本位的思想相当严重。他们考察学校往往一看升学率，二看特色。所以一些有升学率任务的初中高中就拼命抓升学率，小学则是搞各种各样的特长班，尽量办出所谓的特色。领导一问就是，今年的升学率比去年高几个百分点？今年本科升学率比去年高多少？你们学校哪方面是特色啊？升学率就是学校的命根子，特色就是学校的形象。这样一来，校长们就拼命地抢学苗、抓尖子，有的学校还大张旗鼓地分尖子班，他们是用牺牲绝大多数学生利益的方法换取所谓好学生的高分，以至于学生的能力、品质的培养、健全人格的构建似乎与我们的教育没有什么关系。一些校长就公开讲，高效课堂好是好，面向全体学生，但那得付出多少辛苦啊，另外，现在都这样搞，上级也是考核我们升学率，我们费劲巴拉搞改革，万一不成功，我的校长就不用干了，改也许死，不改还能够活，我才不改呢。所以，他们不改的理由其实就两个：一是辛苦，二是对自己没什么好处。从他们的语言当中就会感受到，他们不想为全体孩子的全面发展做艰苦细致的工作，只是为了自己的所谓政绩而设计工作思路，所以官本位思想让绝大多数的孩子不能在学生时代受到良好的教育。

多年来，我们的教师习惯于筋疲力尽地满堂灌，他们认为，只有教师讲，学生才能学会。所以就反反复复地研究如何讲，说学生是主体，教师是主导，但如果真正走进我们的课堂，你就没有办法分清谁是主体，谁是主导，基本上是主体们在课堂上看主导的精彩表演。不给学生时间和空间，学生和学生之间没有合作，没有探究，学习没有变成学生自己的事情，学习没有真正发生在学生身上，学习没有真正地按照学生的方式进行。教师经常这样说，我都讲了好几遍了，你们怎么还学不会啊？教师所谓的完成了教学任务，就是教师讲完了，至于学生会不会好像与教师没有太大的关系。其实，任何一个教师无论多么优秀，在学科面前都是十分渺小的，因为你不可能穷尽本学科的所有问题，就算学生把你教的知识都学会了，学生也不会有大的发展。我们为什么不能教给他们学习的方法，把课堂还给学生，让学生在课堂上生成大量鲜活的问题，教师和他们一起探索，一起提升，一起分享成功的喜悦呢？所以，教本位限制了学生的发展。

知识本位是应试教育的产物。为了学生能够得高分，教师不断研究知识的重点、难点、考点，把知识掰碎了，嚼烂了，吐到学生嘴里，然后还用双手端着学生的下巴帮助咀嚼，代替学生思维，代替学生消化。不是带着学生走向知识，而是带着知识走向学生；不是让学生在学习的过程中通过提高学习能力的办法获得知识，而是死记硬背。所以，学生没有在知识的探索中获得能力，更不用说获得优秀的品质和健全的人格。

知识本位者总是把传授知识当作课堂的唯一任务，以至于把学生良好品质的培养和健全人格的构建转嫁到大量的课外活动以及家庭教育和社会教育上面。在这样的教育模式下，学生就不可能在课堂上获得除了分数以外的对于生命发展最有用的东西。

所以，为了所有孩子的全面发展，我们必须抛弃官本位的思想，放眼世界，抛弃急功近利的思想，不要把自己当不当官放在第一位，何况如果你真的为孩子做了有意义的事情，人民会拥护你的。我们必须抛弃教本位的思想，建立一种崭新的符合人性的以学为中心的方法体系，让课堂的主人——学生真正回到主人的位置。我们必须抛弃知识本位的思想，让课堂真正成为学生全面发展和生命狂欢的乐园。

教育的三个没做到

我们应该反复问自己："我们在为谁做事？应该做什么？现在做的这些和我们的目标有什么关系吗？我们到底应该怎么做？"当我们反复问自己这些问题的时候，当我们认真审视我们的工作的时候，我们就会感到很惭愧。我们常常说的三句话"一切为了学生，为了学生一切，为了一切学生"，我们敢说做到了吗？

一切为了学生，我们没有做到。要说我们不积极工作，那可真是委屈自己了，但我们整天忙碌的事情都是为了学生吗？现在做的事情有多少是为了学生发展服务的？有多少是为教师发展服务的？有多少是为学校发展服务的？教育管理者不深入学校，不深入课堂，而是拿会场当战场，没完没了地开会，没完没了地检查，没完没了地评比；校长忙于应付检查，忙于应酬，忙于协调，忙于开会，不走进课堂，不走近教师。一些教师也像在流水线上的体力劳动者那样，备课、上课、留作业、批改作业、考试评卷。没有时间研究，没有时间反思。我们做的这些事情，表面看忙忙碌碌，好像一切都是为了孩子，其实我们做的这些对孩子的真正发展究竟起多大的作用？我们应该深思。我们主观愿望和我们的实践效果有不小的反差。

为了学生一切，我们没有做到。学生应该得到什么？也就是说，学生的一切是什么？应该有健康的体魄、丰富的知识、较好的技能、优秀的品质、健全的人格。现在的教育能给孩子们这些美好的东西吗？孩子们天天苦学，天天盯着那个决定自己命运的分数，孩子们只知道分数是用来孝敬父母和回报社会的，却不知道还有比分数更重要的东西，我们的教育也没有给孩子终生发展有用的东西。或者说，我们目前的教育也没有能力给孩子那些东西。所以，为了学生一切就成了一句空口号。

为了一切学生，我们没有做到。在应试教育的体制下，我们的教育变得越来越功利，学校和老师只是盯着那些升学有望的学生，自觉不自觉，教育就成了所谓的精英教育。大多数学生得不到关注，大多数家长的希望，随着孩子捧回的一张张试卷，逐渐地破灭了。孩子们厌学甚至辍学现象屡见不鲜，不遵守纪律的现象比比皆是，许多问题让我们的学校和家长都一筹莫展。其实这些都是我们没有关注每个学生造成的。当然目前的教育模式也没有办法真正关注每个学生。一些教育工作者，只好望洋兴叹。

教育的一切出发点和落脚点都应该是学生，为孩子发展做事是我们唯一重要的事情。教育必须给予学生终身发展有用的东西。教育必须让每个孩子都成为最好的自我，而不应该为少数人服务。我们现在没有做到这些，这是教育的悲哀；我们要想真正做到这些，唯一的办法就是不断深化改革，探索新的育人模式，让新的教学模式能够真正承载"一切为了学生，为了学生一切，为了一切学生"的科学思想，让我们的教育真正走出困境。

传统课堂三个无解的题

  传统课堂的主要特征是教师讲、学生听，其主要的原因，就是把教师当作课堂教学的最主要资源，把学生的学会主要依赖于教师的教。也就是说，教师不教，学生就学不会。这样的课堂弊端很多，有许多人批判传统课堂，直斥传统课堂的这些弊端和罪状，李炳亭先生干脆就写了《我给传统课堂打0分》一书，让人们不断地深化对传统课堂弊端的认识，让人们对传统课堂恨起来，唤醒人们的忧患意识，激发人们建设新课堂的责任意识和改革激情。传统课堂究竟存在什么弊端呢？我认为，传统课堂有三个不能解决的问题：一是不能解决全体学生全面发展的问题；二是不能解决全体教师共同发展的问题；三是不能解决素质教育与应试能力同步提高的问题。

  传统课堂没有办法解决全体学生全面发展的问题。当课堂是教师满堂灌的时候，教师只能拿着一本自己事先预备好的备课簿，面对有个性差异的学生去讲同样一个内容，且不说这样的课堂不能培养学生的能力和品质，就拿学习知识本身来说，也不可能让所有的学生都学有所获。这就好像医生面对不同的病人用同一个药方，能治好所有病人的病吗？教师讲的如果顾及了一般水平的学生，好学生就吃不饱；如果顾及了好学生，那一般的学生又吃不消。这样的课堂没有办法满足全体学生的发展。至于全面发展，在传统的课堂上只能是一句口号，或者是一种特别奢侈的理想。我们提出的情感、态度、价值观在教师讲、学生听的课堂上，根本无法找到它的实现途径。好的教师在备课的时候，就挖空心思研究如何在课堂渗透德育内容，但结果往往只是找到一个切入点，不能将其自然流畅地贯穿始终。

传统课堂没有办法解决全体教师共同成长的问题。教师的成长有两个标志：一是教师的专业素质不断提高；二是教师有自己的职业幸福感。教师的成长有两个条件：一是教师必须有自己的教育信仰，这是教师成长的内动力；二是教师经常面对课堂教学中学生提出的新问题，这是教师专业素质提升的外部推动力。传统课堂是教师在唱独角戏，填鸭式的满堂灌，课后大量的作业，学生没有时间去思考、去提问，学生没有问题。教师埋头应付教学的需要，又怎么能在实践中提高自身的素质。有人也许会说，传统课堂不也有许多知识渊博的教师吗？不也有许多名师吗？当然有名师，有一小部分教师他们有自己的教育信仰和追求，他们不断反思，不断学习，提高了素质，他们不靠外部压力，不用扬鞭自奋蹄，但问题是我们的大部分教师把教育当作自己的谋生手段，如果课堂上他们能够适应教学，他们还能够主动地去提高自我吗？另外，在传统课堂上那些名师总有自己的亮点，能够自我欣赏、自我陶醉，每天都是新的自我，很享受"职业幸福感"；而一般的教师天天都是上一样的课，又看不到学生的精彩表现，他们就会产生职业倦怠，就会失去职业幸福感。

传统课堂没有办法解决学生的素质和应试水平的共同提高的问题。有许多人说，素质教育搞不了的根本原因是考试制度。我们承认中高考制度有不科学的地方，但在当前国情下，高考制度选拔人才虽然不是最科学的，但也是老百姓最认可、最公正的方式。那么在我们的考试制度没有太大变化的情况下，有没有这样的办法：既能够提高学生的素质，又能够让学生有很强的应试能力？或者说，我们能不能办成这样的教育：既让学生有高素质，又能够让学生不在考场上败下阵来？有人也许会说，鱼和熊掌不能兼得，传统的课堂根本解决不了兼得的问题。但许多课改名校的成功经验证明，好的教育是不会让学生在考场上败下阵来的，学生会学习了，能没有成绩吗？成绩是改革的副产品，所以，能力和成绩的兼得在传统课堂上永远都是一道无解的题。

  传统课堂不能够解决上述三个问题。那么我们就必须深刻思考我们的教育究竟应该怎么办：是在传统的框架内苦苦探索，还是转变观念，改造我们的传统课堂？当然，我们只能选择后者。选择改革，我们应该研究和借鉴许多课改学校的经验，结合实际，大胆探索，真正找到一条通向素质教育的光明大道。

自卑感和优越感都会害了孩子

我们现在评价学生往往是单一地或者主要地用学习成绩来评价，而不是用多种评价的手段来评价学生的综合素质。这种单一的以分数论英雄的评价手段会出现许多弊端，因为分不是孩子在人生的道路上奔跑的唯一能力。

我们都知道，分数的高低，充其量也就能够反映出一个孩子的智力因素，而且恐怕还不能完全真正反映出智力的高低，而人一旦走进社会，有许多非智力因素是非常重要的。比如人的自信心就是一个十分重要的成功因素。如果一个人失去了自信心，或者自信心很弱，就很难走向成功。所以，培养孩子的自信心，就是培养孩子优秀品质和健全人格的重要方面。

看看现在的教育现状，中国教育在培养孩子自信心方面究竟做得怎样？由于我们往往是以分数论英雄，所以，那些学习成绩一般的或者不好的学生，从小就受教师和同学的冷落，时间久了他们逐渐失去自信心。对于这些学生来讲，学校教育给予他们的就是自信心的逐渐下降。这些学生走向社会之后，由于缺少自信心，就很难在一些领域取得真正的成功。

那些学习成绩好的同学变成了教师、家长和同学们备受关注的对象，或者说，在整个学生时代他们一直都是人们心中的宠儿，他们有很强的心理优越感，基本没有尝试过失败，从来没有挫折感。所以，他们抵抗挫折的能力很差，一旦他们进入到一个群英会聚的环境，遭遇冷落，心理就会极度失衡。特别是他们踌躇满志地走向社会之后，由于社会所需要的不仅仅是分，而是一些真正的素质和能力，这些能力储备不足的"好学生"就很难适应复杂多变的社会现实，社会对他们的考验与打击与他们读书时的受宠，就形成了鲜明的反差，加之适应社会的能力差，所以在社会上很难取得大的成功。这样，我们就很容易理解人们常说的"十名现象"了。

　　保护孩子的自信心，是教育的一项重要任务。保护孩子的自信心，需要做两个方面的工作：一个是保护那些成绩一般或者差的孩子的自信心；另一个就是要让学习成绩好的孩子有适当的挫折感。如何能够做到这两点，关键是我们一定要破除单一的以分数论英雄的评价方式，要从多个角度评价学生，从不同的角度给学生"多排队"，让不同特长的孩子都能够有自我展示的平台，让孩子们在多维评价中找到自信和不足。这样，对每个学生来说，不但能够增强自信心，还能够提高抗挫折的能力。只有这样，孩子们才能带着优秀的品质和健全的人格走进社会，走向成功。

应该给教师减负

减负早已经变成了教育的热门话题，甚至人们对这个话题变得有些麻木了。我们说的教育减负，通常是指给学生减负。其实，现在有许多教师感觉工作压力特别大，很无聊，很无奈，很倦怠，没有职业幸福感，所以我们现在应该把给教师减负作为一个重要的课题进行研究和探讨，让我们的教师真正消除职业倦怠，重新找到职业幸福感。

我们不能简单地把教师的职业倦怠归结为教师缺乏激情与责任，或者简单地说成教师没有崇高的教育信仰。应该说，当职业倦怠已不是个别现象的时候，一定是教育本身出现了问题，我们应该对教育的体制与机制进行重新的思考。我认为，许多教师之所以存在职业倦怠，主要的原因有两个：一是我们让教师做了许多离开教育本真的事情，弄得教师疲惫不堪，被动应付；另一个是教育模式本身的简单僵化使教师的劳动失去了创造性，教师变成了为了学生升学服务的工具，教师的自我价值感缺失，因此教师失去了职业幸福感。

什么是负担？人们往往把负担理解成工作量大，这种理解是片面的。对负担理解的偏差，造成减负手段的简单化，简单地从减量上下功夫，其效果必然不尽如人意。所谓负担就是做那些与我们要达到的目的没有关系或者关系不大的事情，或者虽然有关系，但是你没有兴趣去做的事情。这样我们就可以从两个方面去考虑减负的途径：一个是尽量不做那些没有用处的事情；另一个就是让人们对应该做的事情由"要我做"变成"我要做"，即增加做事情的兴趣和内动力。

教师所做的工作，是不是都与教育教学密切相关？判断工作得失的标准就是，我们做的工作是不是对学生的成长与发展有利，是不是对教师的成长与发展有利，是不是对学校的成长与发展有利。教师天天忙得头昏脑涨，究竟做了多少与上述三个方面有关系的事情？教育行政部门和教育学院搞的各种评比和检查，还有各种各样的无休止的会议、论坛、培训，这个工程那个工程，这个软件那个软件，弄得教师疲惫不堪。究竟有多少是与教育教学质量的提高有关系的？不能说这些东西都没有用，但我们确实应该好好地过滤一下，我们自己能够说了算的一定要思考如何简化和瘦身。教师忙了许多没有用处的工作，那么做有用工作的时间就少了，有事业心的教师就得挑灯夜战，透支自己的身体，做那些自己应该做的事情。那些把教书当作谋生手段的人，忙完没有用的，有用的事情也就没有时间了，教育质量怎能提高？

本来教育是个创造性的劳动，结果现在的教育让我们搞成了像工厂生产一样的工作，僵化的教育模式让教育成为了非常枯燥乏味的日复一日，年复一年的简单的重复性劳动。看看我们教师的工作流程：先是给千差万别的学生开一个药方，那就是我们的教案，或者实在没有时间或者累了就把去年的拿来抄一遍，因为学校要检查。然后就拿着这个药方给得不同病的患者去用药（不同基础的学生的需求不同），不论你病好不好，我讲完了就完成任务了。接下来就是留大量作业，批作业、考试、判卷等等。学生把分看成命根，教师也变成了为学生提高分数服务的工具。本来我们的教师应该好好去设计我们的课堂教学，应该组织学生采取自主、合作、探究的方式学习，有时间写反思搞科研，结果是让那个名字叫"分"的"大狗"追得一路狂奔，我们的教师能不倦怠吗？

我们要想给教师减负，就应该让教师不做那些与教育本质没有关系的事情，我们必须克服形式主义、功利主义、浮躁的心理，让教师有时间做那些应该做的事情。改革我们的教育教学模式，把教育工作变成创造性的工作，让教师在成就学生的同时也成就自己，增强教师工作的主动性积极性。如果内在动力增强了，就没有负担了，教师就会重新找回职业幸福感。

人才的长、宽、高

教育的基本任务就是让人成为人，也就是让自然人成为一个具有优秀品质和健全人格的有本领的社会人。这样的社会人才能成为合格的建设者和可靠的接班人。究竟什么样的人才是合格的？我认为，我们培养的人才要具有长、宽、高三个维度。长就是理想，宽就是品德，高就是本领。长、宽、高相乘才是人才的定位，如果某一个维度是零，那么相乘后的结果就是零。

理想是长度。一个没有远大理想的人，也就是没有崇高信仰的人，是不可能有大的成就的。培养学生的梦想和理想是我们教育的根本任务。我们在理想教育方面存在许多问题。孩子小的时候还有许多的梦想，对未来充满憧憬。随着年龄的增长和学习任务的不断加重，天天为"分"所累，天天上课补课，累得头昏脑涨，逐渐忘记了自己的梦想。你问孩子们，你未来的理想是什么？他会告诉你，高分考上重点大学。那考上重点大学为了什么？他会告诉你，为了将来有个好工作，有个好收入，生活能够过得舒适一些。他们考上重点大学，选择的专业一般也与自己的兴趣爱好没有太大的关系，一般都会选择那些热门的专业，为了将来有个体面的工作，好好生活。特别是近几年考公务员成了热门，这些都说明，他们没有自己的人生理想，只是为了自己能够过得安逸。没有理想就没有动力，没有动力就不可能成功。培养学生的人生理想，是我们教育的第一要务。

  品质是宽度。良好的品质是成功的必要条件，现在的思想品德教育存在着许多问题。许多学校的政教处、教导处变成了管学生纪律的专门机构，思想品德课变成了灌输道德知识的课堂，课外活动为了活动而活动，课堂很少在情感、态度、价值观方面对学生进行培养，德育工作重形式轻内容，实效差。对学生的思想品德培养，应该遵循知、情、意、行这样的规律，但我们把对学生的思想品德教育简单地做成了为了考试而背诵道德知识的课堂。试想，如果只让学生背诵道德知识，而不能通过活动培养学生的道德情感和道德意志，学生就很难按照道德标准去做。思想品德教育是挖掘和开发学生良好的非智力因素，如果没有良好的品质和健全人格，就很难在人生的道路上取得成就。

  本领是高度。学生走出校门，具体知识忘记后所剩下的东西是什么？是本领。本领就是思想、观念、方法、品质、人格和能力的综合。如果教育只传授给学生知识，而不培养学生的本领，那培养出来的学生一定是高分低能的人。培养的学生就像能够移动的书架一样，书架对社会的发展有什么推动作用？素质教育提出这么多年，为什么还是培养不出杰出的人才，那是因为我们的教学模式不适合人才的成长。所以，人才培养模式的改革，是当前中国教育改革的关键。

  中国教育如果不能够让学生的长度更长，宽度更宽，高度更高，那么，我们这个社会就会出现信仰危机、道德滑坡、本领恐慌。这样的民族就会很危险，我们就没有能力屹立于世界民族之林。

学校应该像植物园

我曾经两次去云南的植物园，第一次是在 1998 年，第二次是 2009 年。第一次到植物园，导游告诉我们这里有一万多种植物，我们在那四季如春的云南，尽情地欣赏着各种各样没见过的植物，不时地问这是什么，那是什么，感觉特别新奇和开心，呼吸着那里新鲜的空气，观赏着那里的美景，享受赏心悦目的感觉。第二次去植物园，导游还是那句话，这里生长着一万多种植物。这一次，我没有像第一次那样，目不暇接地去欣赏那些美丽的植物，而是在想，这里为什么能够让一万多种植物都能够茁壮成长呢？那是因为这里有各种各样植物生长的条件。

植物园之所以能够让不同习性、千差万别的植物在那里茁壮成长，肯定是那里有适合它们成长的基本条件：温度、湿度、光线照射的强度、土壤的酸碱度等等。除了大环境以外，各种各样的植物一定都有自己独特的生长需要，那些植物园的园丁们一定是根据植物的不同习性，为它们提供了各种生长的条件。

看到植物园，我想到了教育。学校能不能像植物园那样，为各种各样有着不同特点和不同习性的学生，提供成长的条件呢？我们教育的现状是，不论对待什么样的学生都千篇一律地用一种模具化的方法制定好条条框框让学生去适应，而不是让教育去服务于孩子的成长。

教育的基本功能是让人成为人。教育就应该是为孩子成长创造条件的事业。让学生首先成为人。就像植物园一样，必须让每一种植物首先成为它自己，成为最好的自己，至于它成才后能够有什么用处那是成长以后的事情。不能只强调教育的社会功能，而忽视了教育本身的让人成为人的基本功能。

教育的基本规律就是从儿童出发。按照儿童身心发展规律，为儿童的发展提供条件。儿童与生俱来的好奇心、表现欲以及自尊心、荣誉感、认同心，都是需要通过各种手段进行保护的。一切违背儿童身心发展规律的教育行为都是反教育的。

教育的基本策略是因材施教。儿童的发展遵循着基本的规律，但对于每个个体而言，又有其特殊性，不能用千篇一律的办法对待有差异的个体。我们现在不论是教育还是教学，都存在着不尊重个体发展的现象，用一把固定的尺子去衡量有差异的个体，扼杀了个体发展的主动性、积极性和创造性，让僵化的教育扼杀了学生的成长。

学校应该成为植物园，为每个学生成为最好的自我提供最适合发展的条件，教师应该像植物园的园丁一样，懂得不同植物的不同习性，还要关注不同个体的不同状态，让学校成为学生生命狂欢的殿堂。

第二章
教育就是让人真正成为人

　　好教育是让人真正成为人的有灵魂的教育,有爱贯穿教育过程的始终;好教育是唤醒内心需求的教育,不断激发学生的主观能动性;好教育是能够提供生命成长条件的教育,让师生在合适的条件下健康成长;好教育面向全体,让每个生命都能够绽放出独特的精彩。

教育的立场观念和方法

经常有人这样问:"现在一些专家是不是太夸大教学模式和方法的作用了?"专家们经常说,模式就是生产力,要临帖杜郎口,没有临帖哪有出帖、破帖?一些反对学习杜郎口模式的人说,学习杜郎口,关键是学习他们的精神和理念,至于方法应该因地制宜,方法是可以变化的,不是唯一的。所以关于杜郎口问题的讨论,往往要么就是具体的技术层面的探讨,要么就是高谈阔论谈精神、论观念。我认为模式属于教育方法论范畴,必须研究模式背后的教育立场和教育观念。

教育立场就是解决教育为了谁的问题。这个问题是教育最基本的,也是最根本的问题。对这个问题的不同回答,就会有许多不同的教育实践和结果。教育是为学生的发展服务的,只有学生真正发展了,才能实现为现代化服务的目的。我们经常说的"三个一切",即一切为了学生,为了学生一切,为了一切学生,就是教育的基本立场。一切为了学生告诉我们,一切工作的出发点和落脚点都是为了学生的发展,所以判断我们工作得失的唯一标准就是是否有利于学生的发展。为了学生一切,要求我们必须弄清楚,什么是学生的一切,当然就是德、智、体、美等全面发展。为了一切学生,告诉我们必须关注每个学生的发展,让每个学生都成为最好的自我,而不是搞少数精英的教育。

教育立场决定教育观念。有什么样的教育立场就会有什么样的教育观念。教育观念就是对教育规律和教育本质的认识，即我们应该树立的教育观、学生观、教师观、课堂观、评价观等等。首先，必须服从和服务于全体学生的全面发展，否则就离开了教育的本真。其次，必须坚持解放学生，发展学生；不唯师，只唯生；不唯教，只唯学。最终实现师生共同发展的目标，构建科学合理的教育观念体系。这个观念体系的两个基本点就是：以生为本，以学为本。离开"两个为本"就一定是本末倒置，事倍功半。

教育观念决定教育方法。有什么样的教育观念就有什么样的方法和模式。传统课堂的模式就是教师讲、学生听，其理念支撑是以师为本、以教为本，而高效课堂的模式是自主、合作、探究，其理念支撑是以生为本，以学为本。所以，好的教育模式一定是这样的：第一，它可以让以生为本、以学为本的教育思想和教育观念落地。第二，构建一套以学为中心的观念指导下的高效操作系统。第三，必须能够解决普通教师能上不普通的课，普通学生能成为不普通的学生的问题。第四，模式仍然是个开放的框架或者说是个教育方法论，并不是传统意义的具体方法，是开放的，发展的，有生命力的。

所以，我们提倡有方法的思想和有思想的方法，不能孤立地谈教育方法和模式，也不能只谈思想和观念，教育的立场、观点和方法是相互联系不可分割的整体。所以，我们讨论任何一个模式的时候，都不能离开教育立场和教育观念，既看模式的立场根据、观念根据，同时还要反过来看模式是否能够承载它的立场和观念。

我心目中的好教师

有了好教师才能有好教育，教师是教育的根本。好教师的标准众说纷纭，各有其理。我认为，好教师的"好"主要体现在一个"情"字上。

好教师要有激情。激情是一种理智的疯狂，而浮躁是一种功利主义的喧嚣。好教师要始终保持一种昂扬向上的精神状态，始终保持一种孜孜不倦的学习探索精神，始终保持一种改革创新的工作状态，始终保持一种挑战现实挑战自我的超越精神。这种激情来源于对教育的信仰与热爱，来源于对学生发展高度负责的强烈责任感，来源于对教育现实与自我的挑战精神，来源于对教育事业的求真务实的精神。

好教师要有真情。真情是教师最重要的人格魅力，也是自己职业追求的动力源泉。教师要有母亲的情怀，一个母亲对自己孩子的爱都是无条件的，都是无私的，不求任何回报的，母亲情怀体现在对每个学生的爱是无私的；教师要有木匠的情怀，在木匠的眼中，不论一棵树长得高矮曲直都有它的用处，木匠情怀体现在对每个学生的发现和尊重；教师要有农夫的情怀，农夫要想让每棵植物在自己的园中生长，就必须了解不同植物的习性，然后给它提供成长的阳光、水分和合适的酸碱度，农夫情怀体现在对每个学生的真正了解；教师要有教练的情怀，教练是让学生按照方法去练习，教练情怀主要体现在放手。

好教师要有才情。才情是教师实现大爱和职业理想的重要保证。教师的才情主要体现在：教师要有科学教育思想，一名好教师要通过自己的教育教学实践，形成自己的一套科学的教育思想体系和先进的教育理念，以指导自己的教育教学实践；教师要有丰厚的文化底蕴，好教师要有深厚的人文素养，要对自然界、人类社会、对人对事都有自己的独到见解，能够引导学生不断提高认知水平；教师要有系统的学科知识，好教师要真正掌握自己所教学科的学科思想、知识结构和研究方法，能够真正引导学生爱学、会学、学会；教师要有高超的教学艺术，好教师必须有自己的一套能够承载先进教育思想和教育理念，同时又能够体现自己鲜明特色的教育方法，这个方法是教育技术和教育艺术的完美统一。

要成为一个有激情、有真情、有才情的教师，就要成为一名学习型教师，不断学习，不断反思，不断总结；就要成为一名研究型教师，研究教育，研究教学，研究学生；就要成为一名创新型教师，不断创新思想，创新理念，创新方法；就要成为一名担当型教师，面对远离本真的教育现状，要时刻提醒自己从学生的发展出发，不人云亦云，要敢于挑战与突破现实，做一个有良心、负责任的、敢于担当的教师。

我心目中的好课堂

我总是在寻找这样的课堂：这里是学习真正发生的地方，能够给学生的自我构建提供合适的条件，同时又为师生的生命发展奠定基础，师生在这里度过生命中最美好的时光。这样的课堂应该承载这样的教育理念：以生为本，以学为本，以素质为本。

师生情感有温度。好课堂是充满真情与激情的课堂，是师生情感交流的课堂，是知识的课堂，更是生命的课堂。因为生命的体验与发展是一个美好的过程，生命的每一次狂欢都具有特殊性，因此，好课堂是不可以复制的课堂。

学生参与有广度。好课堂是精神流失率很低的课堂，是动静结合的课堂，是师生互动、生生互动的课堂。在这里没有人不喜欢学习，也没有人不参与学习。好课堂是每个学生都能够得到关注，而不是少数学生表演的舞台，更不是教师"一言堂"的课堂。

自主学习有强度。自主学习是好课堂的一个鲜明特征，好课堂是学生充分发挥自己的主观能动性充分自主学习的课堂。自主学习程度体现在课前预习上，还体现在课上利用各种学习资源自主构建知识体系、能力体系和道德体系等方面。

学生合作有效度。好课堂学生是通过合作完成自己不会的问题，这种合作具有很强的针对性，包括同质合作和异质合作，学习成绩不同的学生在合作过程中都有收获，学会的同学通过帮助不会的同学，从而进一步深刻领悟和系统梳理自己对知识的理解。

学生探究有深度。好课堂一定有生成，既生成问题也生成亮点，问题和亮点都是课堂教学的重要资源，这些资源就是学生进一步探究的起点，通过探究实现对事物的感知和领悟，通过探究实现对知识的拓展与提升，通过探究实现思想和情感的内化和升华。

教师点拨有尺度。好课堂上教师一定有点拨，但点拨一定要掌握好时机，要把握好尺度。在不应该点拨的时候点拨就会影响学生的思维，更会造成学生的懒惰与依赖。点拨不是给学生现成的答案，课堂的点拨往往是靠追问完成的，追问可以激发学生解决疑难问题的积极性，起到四两拨千斤的作用。

课堂文化有高度。好课堂一定是具有课堂文化的课堂，这里既有"学"的文化也有"教"的文化，展示与质疑是"学"的文化，没有课堂展示的课堂就没有生成，没有学生质疑的课堂就没有提升。追问与反思是"教"的文化，没有追问就等于没有点拨，没有反思就没有改进与发展。

具有上述特点的课堂，一定是一切从学生出发、符合人性的课堂，一定是能够让学生的好奇心和展示欲充分体现的课堂，一定是能够实现生生相长，师生相长的课堂，也一定是具有预习—展示—反馈流程的课堂。这样的课堂才能真正做到相信学生、解放学生、利用学生、发展学生。

我心目中的好学校

好学校是能够让学生快乐成长，让教师幸福发展的学校。它应该是学生探求知识的学园，学生快乐成长的乐园，处处充满亲情的家园，放飞理想的田园，师生生命绽放的花园。

好学校必须有学生喜欢的课堂。这个课堂就是知识的超市，生命的狂欢的课堂，是以生为本，以学为本，以素质为本的课堂；每一堂课都是师生生命快乐健康成长的过程，每一堂课都是师生生命成长的奠基石；课堂不仅是知识的课堂，还是素质的课堂，更是生命成长的课堂。

好学校的"好"应该写在师生的脸上。每一个学生都欢天喜地，他们都以自己的方式生活在校园里，每一位教师都快乐幸福地过着自己的教育生活。这里没有学生不喜欢上学，也没有教师不喜欢工作。学生和教师脸上的笑容会告诉你，学校就是他们快乐成长的乐园。

好学校让所有人都有家的感觉。家是什么样？家里都是充满爱的，学生之间，教师之间，师生之间充满了亲情，彼此把对方当作亲人，彼此把对方当作一本书去用心地读，彼此喜欢倾诉与倾听，这里的爱是建立在彼此平等、彼此读懂基础上的真爱，彼此用别人喜欢的方式去爱别人，同时也得到自己喜欢的方式的真爱。因此好学校是处处充满亲情的家园。

好学校要给学生一台生命成长的发动机。在这里学生产生了自己的理想与抱负,在这里学生获得了阳光与自信,在这里学生学会了如何学习、如何做人、如何做事,当学生走出校门,忘记了学习的具体知识之后,还能够剩下许多人生发展需要的宝贵财富。

好学校要像一个百花绽放的花园。每一朵花都是美丽的,但每一朵花也是不一样的,这里不是牡丹园,也不是月季海,不求花海同色,但求朵朵美丽,要让每一朵花都绽放,要按照他们的习性提供给他们需要的土壤、阳光和水分,好学校应该是让师生生命绽放的花园。

那么,我们如何才能建设这样的学校呢?

要有先进的办学理念。办学理念应该体现三个面向:面向人性,面向生命,面向发展。

要有科学的办学模式。教育教学模式要体现三个为本:以生为本,以学为本,以素质为本。

要有学校的核心文化。学校文化要体现三个主旋律:博爱、创新、向上。

要有先进的管理模式。学校管理要体现四个管理:依法管理,以德管理,民主管理,科学管理。

我心目中的好学生

我们一直以为，那些学习成绩好的学生是好学生，也一直以为，那些听话的学生就是好学生。当我们听到那些高考状元多少年后还没有成为社会栋梁的时候，会感到心灰意冷；当我们得知那些不听话的学生成为我们的骄傲的时候，会感到很惭愧。现实逼迫我们必须对教育现状进行深刻的反思，现实也逼迫我们对什么是好学生进行重新的思考。那么，我理想中的好学生是什么样的呢？

好学生抱负要远大。你可以走进名校，问一问学生的理想是什么。很多学生都会这样回答：将来考个好大学，有个好工作，有个好收入，做一个白领，很少有人回答将来有什么职业理想。如果你让学生做一道选择题，让他在权利、财富和真理三个答案中选择一个，几乎没有几个人能够选择真理。高中毕业之后，许多学生把书丢掉了，几乎告别了学习，到大学就"革命"到头了，大学毕业就为了有个好工作。近几年出现考公务员热，学生们都喜欢做公务员，公务员起码工作稳定，不用吃苦和打拼。这些都说明了什么呢？说明学生越来越没有了远大的抱负，没有理想和抱负的人当然也就缺乏了航标和动力。

好学生成绩要优良。我这里说的好成绩，不是分值，而是在乐学会学基础上的学会。现在的应试教育，往往是靠灌输的办法让学生得一个高分，实际上学生并没有真正形成学习能力。我这里说的学会也不单单指的是课本知识，而是真正的知识，真正的知识不仅包括书本知识还应该包括思想、观念、方法、道德。

好学生品质要优秀。好品质是学生自我成长的重要方面，也是走向成功的关键。那么好学生究竟应该具有怎样的品质呢？好学生喜欢求真，对真理有一种探究精神，敢于质疑，敢于对抗，敢于求真，有一种求真的思想品质；好学生善于合作，对同学有一种合作的精神，不论做什么事情都想到合作与双赢，有一种合作的行为品质；好学生心中有爱，对父母对社会对亲人对关心过自己的人懂得感恩，对比自己弱的乐于帮助，有爱心和奉献的道德品质。好学生喜欢创新，敢于对现状提出不满，喜欢变化，喜欢创新，有丰富的想象力和较强的创新能力，有挑战现实，超越自我的品质。

好学生身心要健康。好学生要有好体魄。没有强健的体魄一切都是泡影，好学生必须是喜欢锻炼身体的，不断增强自己体质。好学生心灵要阳光，总能够看到光明的一面，对阴暗的东西有鉴别能力，对社会对人生对他人有正确认识，懂得换位思考，总是保持阳光的心理状态。好学生有强烈的自信心，不妄自菲薄，不望洋兴叹，不唯唯诺诺，不无所作为，相信自己能够成功。好学生要积极向上，心怀理想和抱负，充满阳光和自信，处处表现出积极向上的状态。

总之，我心目中的好学生就是有远大抱负，有优良成绩，有优秀品质，有健康身心的学生。

我心目中的好团队

没有一支过硬的教育团队，再好的教育理想也会成为空谈，再好的教育思想和观念也会被束之高阁，再好的教育教学模式都不能变成教育行为，教育也不会真正发展。建设一支高素质的教育团队是教育发展的关键，更是教育改革能否真正有效运行的组织保证。那么，什么样的教育团队是好团队呢？

有远大理想的教育团队。我们应该有这样的教育理想：让教育真正成为改变学生命运和民族命运的事业，把教育真正办成学生喜欢人民满意的教育，真正办成让学生成人的事业；真正让每个学生都成为最好的自我，让每个教师都能够成为最幸福的教育人，让教育真正面向人性、面向生命、面向成长。

敢于超越的教育团队。作为教育人，我们要不断超越自我，在思想观念上要与时俱进，在精神状态上要勇争一流，在工作上要开拓创新，在工作成效上要不断超越。只有每个人都有自我超越的精神状态，我们的整个团队才能不断实现新的跨越。

善于学习的教育团队。不善于学习的团队肯定是无所作为的团队。我们提倡的学习就是在"学"中"习"，要学以致用，不能把学到的东西束之高阁；还要在"习"中"学"，要提倡教育行动研究，不能从书本到书本。我们提倡学习资源共享，向书本学习，向同事学习，向学生学习，向实践学习。

  心智模式科学的教育团队。心决定教育立场，智决定教育行动策略。只有心智模式科学，思维方式才能科学，情感方式才能科学，行动方式才能科学，行为结果才能事半功倍。有良好的心智模式才能真正认识教育现象背后的本质，才能真正找到教育行动的科学定位，才能确定每一个教育行为究竟应该投入多大的人力、物力和财力。

  敢于亮剑的教育团队。敢于亮剑就是敢于让教育回归本真，敢于挑战传统，挑战权威，挑战世俗，挑战自我。敢于在思想观念上挑战，敢于在行动模式上挑战，敢于在重重包围中挑战，为了学生的发展和民族的振兴，要有敢上九天揽月，可下五洋捉鳖的英雄气概。

  总之，我们要建设一支具有崇高教育信仰，敢于不断超越，不断学习研究，不断改善自身心智模式，不断挑战现实的教育团队，这支团队一定是来之能战，战无不胜的政治强、业务精、作风正的教育团队。

我心目中的好校长

都说有一个好校长就有一所好学校,我认为有一所好学校就一定有一个好校长。评价校长首先要评价学校,要把学校建设成为学生探求知识的学园,学生快乐成长的乐园,处处充满亲情的家园,放飞理想的田园,师生生命绽放的花园。那么什么样的校长才能带领自己的队伍建设这样的学校呢?

好校长必须心中有爱。心中是否有爱是判断校长是否合格的第一标准,也是校长是否有人格魅力的第一把尺子。校长必须把教育当作事业去追求,把教育当作自己实现人生价值的平台。心中无爱,就不可能感觉到自己肩上责任的重大,就不可能敢于担当,因此,好校长的心中始终装着教师,装着学生,装着学校,一切言行都是为了教育的发展。

好校长必须有教育信仰。信仰是力量的源泉,是前进路上的指路明灯。一个没有信仰的人,不可能在自己的行业中大有作为。校长应该具有这样的教育信仰:为了学生和教师的健康快乐成长贡献自己的全部力量,让每个学生都成为最好的自我,让每一个教师都成为一个幸福的教师,让自己的学校成为让人真正成为人的地方。信仰要变成自己一切行动的指南,变成自己一切行动的力量源泉。

好校长思想上与时俱进。没有思想力的校长肯定不是一个合格的校长,思想上不能与时俱进的校长肯定不是一个好校长。校长要真正懂得学生和教师的身心发展规律，教育教学规律，社会发展规律。让教育面向人性，面向生命，面向成长。思想要随着实践的发展而不断地与时俱进，不能故步自封，要不断分析新形势，提出新问题，研究新理念，让自己的思想跟上时代的脚步，要善于在逆境时看到光明，在光明时看到危机，时刻提醒自己做一个有思想力的校长。

好校长工作上开拓创新。要不断用自己的新思想指导自己的工作，观念上要创新，思路上要创新，管理上要创新，文化上要创新，行动上要创新。创新不是功利主义的搞花样和形式，而是要让我们的行动真正符合人性，符合生命发展规律和社会发展规律，让教育不断回归本真，让教育成为让人真正成为人的事业。

好校长责任上敢于担当。面对问题重重的功利主义教育，校长如何面对现实的挑战？这不仅是对能力的挑战，更是对良心和胆略的挑战。你是人云亦云还是敢于直言？是亦步亦趋还是开拓创新？是怨天尤人还是寻求出路？是无所作为还是积极进取？面对功利主义的重重包围，你敢不敢在你自己的天地里真正让素质教育落地？敢不敢冲破包围，开辟出一条素质教育之路？

总之，好校长要用人格的魅力感染人，用先进的思想引领人，用科学的管理调动人，用有效的教育行动培养人。做一个有人格魅力的校长，有思想的校长，有进取心的校长，敢于担当的校长。校长要不断学习，不断思考，不断钻研，不断笔耕；校长要把教室当作自己工作的主战场，在课堂上研究教学，在教师和学生中间了解教师和学生，不断改进我们的教育教学；校长要带领教师不断的教研，给自己出题目，给教师出题目，开展以问题即课题为中心的教学研究活动；校长真正发扬民主，集思广益，真正建立一套能够激发积极性的管理机制。

我心目中的好教育

我们现在能够看到的教育,其实早已不是它自己本身了,教育一旦被功利主义绑架,它就会离开本真而不能完成自己的使命,那么我们理想的教育应该是什么样的呢?

好教育让人成为人。好教育必须是一切从人性出发,让人真正成为人的教育。只有让人成为人,教育才能谈到为社会发展服务,如果我们忘记了教育是为人的发展服务,教育就会走进功利主义的怪圈和死胡同,教育就会和人性作对,不能让人健康发展而使人性扭曲,最终不但不能改变人的命运更不能改变民族的命运。因此,好教育必须遵循学生身心发展规律,让人成为真正的人。

好教育具有真爱灵魂。爱是教育的灵魂,没有爱就没有教育,教育是用心灵塑造心灵,用爱点燃学生心中的爱。爱是教育者和受教育者心灵的动力,任何教育技术和艺术离开爱都会失去功效,爱是贯穿整个教育过程的一条灵魂和主线,所以好的教育带给师生的是心灵的温暖与力量,让教师和学生在爱的氛围中成长,同时又用自己心中的爱去浇灌教育的田野。

好教育是心灵的唤醒。教育在某种程度上说,就是唤醒人的内心的正确需求,人有了内心的需求才能利用外界条件,使自我不断成长。如果没有内在的需求,再好的教育条件都不能被利用,任何教育活动和行为都不能发挥教育的功能,教育活动就会事倍功半。因此,唤醒内心需求永远比采用各种各样的手段和方法进行灌输更重要也更有效。

好教育提供成长条件。学习的实质就是学生自我构建的过程,当我们真正唤醒了学生的内心需要以后,学生就有了强烈的学习与探索的欲望。真正的好教育就是要整合一切教育资源为学生的自我构建和自我成长提供条件,这些条件就是学生成长的外因,为学生成长提供支持。从这个意义上讲,好教育就是提供好条件。

好教育让生命绽放。教育过程就是让师生体验生命的快乐,并为师生的生命成长奠定基础。因此,教育即成长。好教育不仅使学生受教育,而且能够让教师始终受教育,是师生共同成长的过程。这个过程符合师生身心发展的规律,能让生命不断绽放,而不是我们经常说的,学习是件痛苦的事情,教书是被动的奉献。好教育让学生快乐,让教师幸福,让生命绽放。

好教育面向全体和全面。好教育是让全体学生全面发展,让每个孩子都成为最好的自我的教育。我们现在搞的为少数学生升学服务的教育,不但不公平,不能让所有的受教育者享受同样的受教育机会,而且也不科学,那些所谓的好学生只是拼命地去提高分数,并不能获得全面发展。好教育要让全体学生全面发展。

好教育是让人真正成为人的有灵魂的教育,有爱贯穿教育过程的始终;好教育是唤醒内心需求的教育,不断激发学生的主观能动性;好教育是能够提供生命成长条件的教育,让师生在合适的条件下健康成长;好教育面向全体,让每个生命都能够绽放出独特的精彩。

第三章
坚守心中的教育信仰

  目前的课堂教学改革,是一场教育革命,我们不应该把它定位为方法的改革,而是想通过推进承载教育思想的方法,来真正推动人们教育观念的革命,教育文化的革命,更重要的是要唤醒教育人的责任感和紧迫感,进而唤醒人们坚守心中的教育信仰的意识。

我们要做这样的教育人

做有良心的教育人——把每个学生都当作自己的孩子，献出我们心中的真爱。

做有信仰的教育人——让每个孩子都成为最好的自我，让自己成为最幸福的教育人。

做有思想的教育人——一切从儿童出发，让教育真正成为让人成为人的事业。

做有观念的教育人——以生为本，以学为本，以素质为本，以发展为本。

做敢担当的教育人——敢于挑战世俗，挑战传统，挑战权威，挑战自我。

做善行动的教育人——用行动改变学生，改变自我，改变教育，改变社会。

做有脊梁的教育人——不人云亦云，不同流合污，不唯书唯上，不卑躬屈膝。

做有人格的教育人——身体力行，率先垂范，用心灵塑造学生心灵。

做有责任的教育人——摒弃功利主义，为学生的终身发展负责，为民族的振兴负责。

解读教育信仰

中国教师报编辑部走廊墙壁上有这样一句口号：打造一支有教育信仰的传媒铁军。

作为一个媒体尚能提出这样的理想，我们作为真正从事教育的教育人，不能不感到震撼，也不能不深思。我们教育人都应该学习他们，都应该像他们这样做有崇高教育信仰和远大教育理想的人。那么何以见得他们有教育信仰？其实，一走进中国教师报编辑部，你就会从他们的言行中感受到，他们正在为改变中国教育而孜孜不倦地努力着。他们正在以媒体特有的方式，引领着中国教育的发展。他们不是在"坐而论道"，而是到处奔波、深入实际，用脚、用心做教育，他们正在以与时俱进的独特慧眼发现、总结、提升和培养着中国新型的教育家。他们真是一支具有教育信仰的传媒队伍。那么，如何解读教育信仰？

教育信仰体现在心中有爱。爱就是勇气。一个教育工作者，他真正的动力源泉就是深深地爱着学生。爱的深度决定教育的高度，心中无爱的人，不可能淡泊名利，不可能目光高远，当然也不可能走得更远、飞得更高。他们面对中国教育的现实问题，会麻木不仁，不敢大声疾呼，更不敢大胆改革，他们会选择人云亦云、随波逐流、安于现状、裹足不前、明哲保身。那些敢于面对现实、敢于振臂高呼、敢于挑战权威、敢于颠覆传统的人，勇气从何而来？来源于他们心中的真爱。他们把对民族发展的忧患意识,把对教育发展的责任意识,把对孩子身心发展的责任意识,内化为对孩子深深的爱,他们心中有永不枯竭的工作动力和大无畏的改革精神。

教育信仰体现在心中有道。道就是规律。教育是科学,科学的价值在于求真。教育的根本任务就是为学生的终身发展服务,教育的基本责任就是让每个学生都成为最好的自我,教育的基本原则是以生为本,课堂教学的基本原则是以学为本。每个教育工作者,都要善于用辩证唯物主义的立场、观点思考教育的现实问题,都要形成自己的教育理论体系,我们要不唯书、不唯上、只唯实。我们坚决反对那种满脑子装着教育理论却无的放矢的人,他们能说出许多古今中外的教育家,能背诵许多教育理论,但不和教育实践对接。你一和他谈教育他就高高在上,摆出一副教育家的姿态,哇啦哇啦地说这个不符合教育规律,那个不符合教育规律,而他们自己却远离教育实践,在那坐而论道。我们提倡用辩证唯物主义的方法研究教育,并在实践中丰富和发展我们的思想。

教育信仰体现在心中有术。术就是方法。我们光有教育理论、思想和观念还不够,还必须把这些东西用具体的方法落实到地,就是用什么样的教育教学模式去承载我们的思想,承载我们的目标。有许多人反对模式,他们把模式和模式化混为一谈。做任何事情都需要科学的框架和科学的流程,模式就是具体的流程,它是介于思想和方法的中间环节。当然基本模式下会有许多个性化的东西,如果我们只强调个性化而忽视了基本的模式,其实也就否定了教育的科学性。

教育信仰体现在心中有行。有教育信仰的人,必须是一个行动家。我们必须扎根于教育实践中,必须把我们的思想、观念、方法应用到我们的教育教学中。一沓纲领也不如一个行动,行动是我们的第一法则,要大胆改革，勇于创新，要用实践行动影响和改变中国教育，要用脚、用心去搞教育，把我们的教育信仰、教育追求通过教育实践变成美好的现实。

在中国教师报座谈时，总编辑助理、采编部主任李炳亭提出这样的话题：一个教育局长的成长究竟用多长时间，是不是没有长期从事教育工作的局长们就不可能快速进入角色？我想，长期教育实践的缺乏，当然是教育局长成长的瓶颈，但只要我们心中有爱，心中有道，心中有术，心中有行，就会淡泊名利，追求高远，就会快速成长，就会为我们的教育做出贡献。

坚守教育信仰

凡有大成就者一定有信仰,没有信仰的人,一定走不远也飞不高。教育更是如此,凡成功者都是有教育信仰的人,而那些把教育当作谋生手段的人,充其量就是一个教书匠。任何好的外部条件,都不可能代替心中的信仰。人的成功需要外部条件和自身条件,即外因和内因。而在所有的内因条件当中,最重要的就是要有信仰,或者说信仰是内因的内核。

我们有许多不能解决的思想困惑,归根结底都是因为我们没有真正确立崇高的信仰。在前进的道路上,有许多难题无法破解归根结底也是因为我们不能坚守心中的信仰。如果我们把"让每个学生都成为最好的自我"作为自己的信仰,我们就会活得简单、活得勇敢、活得愉快、活得充实、活得有成就。但如果我们没有崇高的信仰,我们就会变得懦弱、懒惰、功利、自私,也很保守,更会一事无成。

我们都知道教育存在问题,但为什么不去改革呢?那是因为大多数人采取"事不关己高高挂起"的态度。有一些人说,中国教育存在的问题太多,主要是体制机制问题,我们没有能力去改变,所以,只能如此。那么,我们为什么不能树立"天下兴亡,匹夫有责"的思想呢?其实,人人都是环境,人人都是体制,人民群众才是真正的英雄,真正科学的体制是人民群众创造的。安徽小岗村创造了中国农村的家庭联产承包责任制的体制，深圳发展证明了市场经济体制不是资本主义的专利，我们为什么不能用脚踏实地的实践探索去影响中国教育体制的深刻变革呢？我们不想做，不会做，不去做，做不成，归根结底是没有把"让每个学生都成为最好的自我"作为自己的信仰。

有教师问我："你做教育局长搞改革，我们赞成，我们也愿意付出，但如果你不做局长了，别人不搞改革，我们还会回到老路上去。我们白挨累，那不就得不偿失了吗？"我回答说："改革不是我个人的行为，这是国家的意志，更是为了我们崇高的教育信仰而奋斗，不论谁当局长，我们都必须这样做，因为我们要坚守心中的信仰。"

有一些人问我："改革可是有风险的啊，别说失败了，就是我们正在做的时候，都会有许多人不理解，甚至反对，我们也不值啊。"我说："为了孩子的终身发展，我们不论受多少打击，受多少委屈，跨过多少艰难险阻，我们都值得，我们必须有敢闯敢试的气魄，必须有取得成功的能力和智慧。因为我们的信仰是让每个学生都成为最好的自我。"

教育人最怕的是心中没有信仰，信仰危机就是最可怕的危机。但可贵的是我们不仅有信仰，还始终坚守着心中的信仰。心中的信仰像太阳一样，能够驱散黑暗，照亮我们前进的道路；像灯塔一样，永远指引着我们前进的方向，无论遇到什么艰难险阻，我们永远不会迷路；像发动机一样，永远给我们提供前进的强大动力，让我们忘记疲倦，一步步向目标逼近；像一把神奇的钥匙一样，开启思想的大门，让我们生成科学的理念，找到成功的方法和途径。

目前的课堂教学改革，是一场教育革命，我们不应该把它定位为方法的改革，而是想通过推进承载教育思想的方法，来真正推动人们教育观念的革命，教育文化的革命，更重要的是要唤醒教育人的责任感和紧迫感，进而唤醒人们坚守心中的教育信仰的意识。如果仅定位在方法改革上，我们就会陷入技术的泥潭，事倍功半。

晒晒教育人心中的梦

教育是能够改变人的命运的事业，也是能够改变民族命运的事业。教育是一项富有魅力的事业，这样有魅力的事业必须由有魅力的人去做。仔细分析教育人的言行，你可以知道他们的心中是不是有梦想，有什么样的梦想以及对教育现实的态度是怎样的。不同的人采取不同的行动，对中国教育发展产生的影响也是不同的。

第一种人是心中有梦望洋兴叹者。想做教育但不能做真教育。这些人往往是满腹牢骚，整天批判，悲观失望，故步自封，欲做难为，自认为怀才不遇，生不逢时。他们会说，我们也想有所作为、大显身手，但面对这样的教育现实，我们能做什么？如果国家的教育体制与机制不改，如果国家选择人才的方式不变，我们只能望洋兴叹，无所作为。他们期盼国家深化教育改革，给自己创造一个实现理想的平台。在现实中他们苦不堪言，采取消极无为的态度。

第二种人是心中无梦只求谋生者。把教育当作一种谋生的手段。他们不谈什么信仰和追求，只求对得起自己的良心。对教育的现状不做更多更深刻的思考，也不抱怨什么，当然也不求什么改变，人云亦云，唯书唯上，他们是教育界的"良民"，你说变他也跟着变，你说改他也跟着改，但肯定不主动出击，对教育工作只是按部就班。他们在现有教育环境下产生了职业倦怠，许多人失去了职业幸福感。

第三种人是心中有梦只求功利者。真想做教育但不做真教育。他们表面上看起来满腔热情，整天忙碌，但他们不去真正思考教育的本真，他们思考最多的是如何适应现在的社会现实，如何迎合已经扭曲的民众教育心理，如何取得教育的功利主义目标，如何保证自己取得政绩。他们做的教育离开了教育的本真，表现出的忙忙碌碌只是功利与浮躁。形式主义、教条主义、官僚主义是他们的特征。

　　第四种人是心中有梦改革创新者。真想做教育也能做真教育。他们不但有梦想，还有激情。他们敢于剖析和批判传统教育的种种弊端，敢于大声疾呼改革创新。他们不但敢于呼吁上层改革，更重要的是他们敢于唤醒已经沉睡的中国教育人，提倡草根教育行动，不断寻求教育改革的有效支点和重要突破口，他们不望洋兴叹，不坐以待毙，不故步自封，不但心中有梦，还为自己的梦想做不懈的努力。他们想通过自己的行动触及和解决中国教育的深层次问题，想通过微观的改革推动整个教育的改革，他们是中国教育的脊梁，更是中国教育的希望。

　　激情是一种理性的疯狂，而浮躁是急功近利的狂热。我们不能把有激情的人说成浮躁，而把浮躁的人说成积极进取，把不思进取者说成埋头苦干。中国教育需要有梦想有激情的人，没有他们如何改变教育？

　　我们要问问自己心中有没有梦，我们的梦是不是为了让每个学生都成为最好的自我。我们不但要有梦，还要为自己的梦想做不懈的努力，用我们的行动去影响和改变中国教育，让所有的孩子都健康快乐成长，让所有的教师都快乐幸福工作。

真爱是教育的灵魂

没有爱就没有教育，只有我们发自内心地爱着孩子的时候，真正的教育才能发生。那些真正爱着孩子的人，才有机会成为成功者，没有一个不爱孩子、不爱教育的人能成为教育家的。那些长期从事教育工作而平平庸庸的人，究其根本原因，就是他们对孩子爱得不深、爱得不切。有人也许会问，我们深深地爱着学生，为什么学生还成绩平平？其实，现在许多教育工作者，往往是高举爱的大旗，做了许多让学生反感的事情，结果是事倍功半。真正的爱应该是心灵能量的传递，是能够让学生感受到的能量。那么如何理解真爱呢？

真爱就是真心实意地欣赏孩子的闪光点。尺有所短，寸有所长。教育工作者不但要有母亲的情怀，更要有木匠的眼光。在木匠的眼里，不论长短大小方圆曲直，没有用不上的材料。我们要善于发现、挖掘和培养孩子们的闪光点，不断地赏识他们，创造机会，让他们不断展示自己的优点，要善于培养他们的自信心，不断放大他们的闪光点。谁发现和挖掘学生的闪光点越多，谁就离成功越近。

真爱就是真心实意地包容孩子的缺点。包容不是迁就。孩子们的个性千差万别，他们都有优点也都有缺点。教育的职责就是让孩子的优点放大，让缺点缩小。其实，学生成长道路上的错误，就像学习走路的幼儿跌跟头，绝大部分跟道德品质没有多大关系。只有认识到这一点，我们才能给予孩子一份成长过程中特别需要的宽容，不要轻易用道德的标尺来衡量学生。在教师的心目中，不应该有坏学生，只可能有心理不健康的学生。如果你讨厌学生，那么你的教育还没有开始，实际就已经结束了。我们要走进孩子们的心灵，去耕耘孩子心灵那片土地。

真爱就是把自己认为最有用的东西给予孩子。每个教育工作者，都有许多人生的感悟，这些感悟包括对天、人、物、我的认知。"天"就是事物发展变化的总规律，就是哲理。"人"就是人的成长与需求规律。"物"就是物质变化的规律，即学科知识。"我"就是对自我的认知规律。只有在这些方面不断进步，才能增长智慧、探索真理、与人合作、认识自我、把握人生，而不是死教知识。真正的学识就是具体知识忘光后所剩下的东西，是思想、是观念、是品质、是人格、是方法。作为一个教育工作者，你认为什么对人生最有用，就把它无私地给予你的学生，这就是真爱。

真爱就是不断使自己适应孩子，或者说在自己教育实践中，不断地让你的学生改变自我。每个人都很难改变自己，有许多年轻人，他们的很多习性连父母和教师都难以改变，但往往是结婚后改变很大。是爱情改变了他们，所以爱是一种强大的力量，它能改变人生。如果真正爱着孩子，我们也一定会改变自我的。教育工作者，爱的深度决定我们改变的力度，也决定着教育的高度。

真爱就是为了教育好我们的孩子而不断地提高自我。爱美之心，人皆有之，喜新厌旧，人之常情，关键是我们要让旧的东西常新。我们要想教好书，育好人，想要让孩子们真正喜欢我们，我们也必须与时俱进，不断提高自己，不断更新自己的知识结构和能力结构，不断提高我们的师德水平，要让我们的学生感受到我们每天都在进步，每天都有朝气，我们不愧是他们的导师。如果不善于提高自我，变成一个老气横秋的教书匠，还想让孩子喜欢我们，那是多么的自私啊！

爱不是一个空洞的口号，更不能披着爱的外衣，做一些不符合孩子身心发展规律的事情，还美其名曰："都是为了孩子们好。"真正的爱不是明天的空头支票，而是行动在当下，欣赏学生、包容学生、给予学生，帮助他们改变自我、提升自我。我们必须把对孩子的真爱真正体现在相信学生、解放学生、利用学生、发展学生的教育实践中，为孩子的终生发展服务。

师德高度决定教育高度

教育是事业，事业的意义在于奉献；教育是科学，科学的价值在于求真；教育是艺术，艺术的生命在于创新。教育是能够改变一个人和一个民族命运的魅力事业，那么有魅力的事业就必须由有魅力的人去做。什么叫有魅力的人？那就是有奉献精神，有求真精神，有创新精神的人。具有这样精神的人，才有可能成为真正的教育人，才能办好人民满意的教育。

我认为，在奉献、求真、创新的三种精神当中，奉献精神应该是放在首位的。有了奉献的精神，才能真正淡泊名利，才能真正做到求真和创新。所以教育工作者，要做好两项修炼：一是修心，二是修脑。修心就是修炼师德，就是真正树立全心全意为学生服务的思想，即牢固树立"一切为了学生，为了一切学生，为了学生一切"的思想。修脑就是修炼教育智慧，有了科学的方法才能探索教育发展规律、学生成长规律、教师成长规律，实现教育家办学。也只有有科学的方法，才能在继承中务实，在务实中发展，在发展中创新。

修心和修脑二者不可偏废，在某种意义上说，修心比修脑更有意义。因为心是管方向的，脑是管方法的，方法是为方向服务的，也就是说你再有智慧，如果你没有一颗火热的奉献之心，那你的智慧和方法也会一文不值。我记得一位诗人说过这样的话："我的心灵是我思想的父亲，我的大脑是我心灵的妻子，他们两个产生一代代生生不息的思想。"这首诗用一般的语言揭示了心与脑的关系。如果我们没有正确的方向，再有智慧和方法都不会产生科学的思想与观念。所以我们一定要在修心的基础上进行修脑，这也就是我们常说的德才兼备。

教育工作者的修心就是牢固树立以生为本的观念，并把这个观念真正落实到教育教学实践中。以生为本、以学为本是一切教育规律的基本规律。我们构建教育理论体系，构建我们的实践模式，必须从以生为本的总前提出发，如果出发点错了，也就是方向错了，不论是思想还是方法都不会正确。一切工作都会事倍功半，事与愿违。

以生为本不是口号，必须落实到教育教学实践中，在教学实践中，要坚持以学为本，而不是以教为本。要想做到以学为本，就必须真正相信学生，把学生看作教育最大的资源。只有真正相信学生，才能解放学生、利用学生和发展学生。相信学生就是最高的师德。

从新的师德观的角度看，我们的修炼还需要下真功夫，或者说我们目前修炼的高度还不够，师德的高度在某种意义上来说，它决定着教育的高度。教育工作者要不断加强自我修炼。教育主管部门，要从新的师德观的高度重新确定师德提升战略，让我们的心真正适应现代教育发展的需要。

我是谁　我在哪

我是谁？我是一个基层的教育局长，教育局长必须心系学生、心系教师、心系教育。

我是谁？我要做孩子们发展道路上的铺路石。一切以学生愿意不愿意，喜欢不喜欢，高兴不高兴，答应不答应，发展不发展为出发点和落脚点。我在哪？我在课堂上，我在学生中间，我喜欢看着他们紧锁眉头在思考，我喜欢看着他们阳光自信地在展示。我愿意分享他们闯过一道道知识的难关，登上一座座知识的高峰后的喜悦心情。我愿意从他们的童真的眼神中读出他们对教师的要求，对学校的希望，对局长的期盼。

我是谁？我要做为教师服务的后勤部长。他们的手里捧着学生的理想。教师的行为会改变孩子们的未来，也会改变民族的命运。没有他们的辛勤耕耘，孩子们的心灵就会荒芜，没有他们的引领孩子们就不能登上知识的高峰。教师是我实现教育思想的实践者，是我教育理想的实现者，没有教师我所有的希望都会成为泡影。我在哪？我在教师的办公室，我喜欢和他们一起探索教育思想和教育观念，我喜欢和他们共同探讨课堂教学技术，我喜欢看教师上完课的喜悦笑脸，我喜欢和教师共同冲破种种束缚高效课堂的瓶颈与困惑。教师们就是我实现教育理想的强大力量。

我是谁？我必须是一个有思想的行动者。我爱教育，因为我爱孩子。

我总在想如何真做教育，如何做真教育。我一次次地拷问教育，一次次地拷问自己，我们现在搞的教育离教育的本真究竟有多远？我们的教育如何冲破传统、冲破权威、冲破世俗、冲破自我，让教育真正回归本真。我在哪？深夜里，我在灯下的电脑旁，我在思考今天学生说的话，教师说的话，校长说的话。我在思考如何实现教育的突围，我们究竟应该确定怎样的突围方略。有时候我会很兴奋，兴奋自己的收获和从实践中吸取的力量。我知道，为了我们孩子的终身发展，我们没有任何退路，我们只能勇往直前。

我是谁？我必须做一个敢于同传统教育决裂并善于构建新教育的勇士。传统教育没有办法实现全体学生的全面发展。我们必须放弃传统的旧观念、旧模式，必须破除传统的以师为本、以教为本的观念和模式，必须构建一种以生为本，以学为本的观念体系和模式体系，抛弃功利主义的精英应试教育，从最后一名学生抓起，让每个学生都成为最好的自我，让所有的学生都得到全面的发展。我在哪？我在与传统功利主义斗争的战场上，我在构建高效生命课堂的阵地上，我要带领自己团队冲破重重包围，构建新教育，培养新学生，打造新教师，建设新学校。

我要做孩子们成长道路上的铺路石，在课堂上和孩子们共同分享成功的喜悦，思考着我们的课堂如何给予孩子们更多的东西；我要做教师的后勤部长，在教师的办公室和教师进行深层次的交流，思考如何为他们的成长搭建平台；我要做一个有思想的行动者，在深夜灯下的电脑旁，梳理着今天的收获和明天的工作计划；我要做一个新教育的建设者，在构建高效生命课堂的阵地上，为孩子的终身发展贡献自己的一切。

第四章
课堂突破与教育突围

　　课堂教学改革绝不是简单的微观改革,它是以课堂教学改革为突破口的综合性的深层次改革,它必须是一场政府启动、行政推动、科研牵动、学校行动、教师真动的系统工程。这场改革的成败关系到素质教育能否实现,是对政府行政能力的考验,是对我们教育工作者教育责任心和良心的考验,更是对教育工作者教育能力和智慧的考验。

观念革命是最彻底的革命

我们经常到一些教育先进的地区去学习考察，考察后往往认为，他们的教育之所以发展很快，根本原因是他们的经济发展较快，而经济发展较快的原因，是有较好的区位优势和优惠的发展政策，假如我们有那样的区位优势和经济实力，我们也一样发展。因此，一些人考察后感叹："一路风光好，啥也学不了。"这些话道出了落后地区人们的一种观念和心态，那就是，对发展缺乏足够的信心，没有真正找到落后的根本原因。

我认为，就教育发展而言，我们与发展较快的地区相比，产生差距的根本原因并不是经济发展水平和区位优势。在全国有许多经济欠发达地区和区位没有优势的地区的教育发展速度很快，而相反一些经济发达地区和有区位优势的地区教育并没有实现快速发展。那么真正的差距是什么？是观念上的差距。教育的发展离不开经济的支撑，但这不是充要条件，经济发展了，教育不一定就发展，但经济水平一般，教育也可以实现快速发展。近几年，教育资金大量投入，办学条件大大改善，我们已经具备了快速发展的物质基础，现在造成发展水平差距的主要原因就是观念上的差距。

观念是人的心灵模式，人们总是通过观念解读事物。观念决定着人的思维方式、情感方式和行为方式，观念直接支配着人的实际行为，因此说，知识不如能力，能力不如素质，素质不如观念。所以要改变现实，首先必须改变人的观念。实现现代化，关键是实现人的现代化，人的现代化关键是实现观念的现代化。

观念直接决定人的思维方式。有什么样的观念就有什么样的思维方式，不同观念解读同一事物得出的结论不同，甚至相反。一家英国的鞋厂和一家美国的鞋厂，各派一名推销员去太平洋的一个岛屿做推销工作，上岛后，他们各自给自己的鞋厂拍回一封电报。英国推销员的电报是："这岛上的人不穿鞋，明天搭头班飞机回去。"美国推销员那封电报是："棒极了，这个岛上的人都没有穿上鞋子，潜力很大，我拟常住此岛。"这说明，面前同样是光脚丫，一个看到的是失望，一个看到的是机遇。可见不同的观念就有不同的思维方式，得出的结论就不同，甚至相反。在现实中我们往往用旧观念解读新事物，得到的结论往往不符合实际，因而错失了许多发展机遇。

观念直接决定人的行为方式。有什么样的观念就有什么样的行为，有什么样的行为就有什么样的结果。决定人们成功与否的是如何去做，而如何去做，是由人们的观念决定的。不论是多么有知识有能力的人，如果观念落后，行动就会落后。著名清官海瑞，是个素质很高的人，但也因观念束缚做过蠢事。五岁的女儿从男仆人手里接过点心吃，竟然使海瑞勃然大怒，硬是逼着女儿绝食自杀。难道他不爱自己的女儿吗？当然不是。是他无知吗？也不是。酿成悲剧的罪魁祸首正是海瑞落后荒谬的封建道德观念。由此可见，一旦观念出了问题，不论多么有知识，多么有能力，多么有品德，都会失去意义。现实工作实践中，我们往往用旧观念支配我们的行为，结果做了许多蠢事。

观念革命是最彻底的革命。观念一变天地宽。我们说理论创新、制度创新、工作创新，这里最重要的是理论创新，而对我们个人和团队而言，最重要的是观念更新，要想改变现实，首先必须改变观念，学习先进地区的经验最重要的是要学习他们的新观念，不断更新我们的观念，用新观念推动教育事业不断向前发展。

行动革命推动观念革命

你一看我的题目就会说:"是不是说反了?只有观念更新了,行为才能变化。没有观念的彻底革命,行为层面的革命就是一句空话。"不错,观念革命是前提是条件,但任何一项改革的初期,都必须先有一些少数的觉悟者,他们首先解放了思想,更新了观念,并付诸行动,在实践中探索出一条正确的路子,把这个路子进行系统的规律性总结,就形成了行为模式。这种行为模式即技术层面的东西。这种行为或技术因为是践行观念的正确方法,我们就必须进行推广。如何推广?是不是通过开会做讲座能够真正解决人们的观念问题呢?实践证明,这些做法是有效的,但不能解决根本问题。所以我的观点是:必须制定出一系列的保证措施先让人们改变行为,让人们从行为中不断更新观念。如果人们真正领会了技术层面的东西,真正尝试到这种做法的甜头了,观念就会很快改变,不然只是说教,而不去实践,转变观念是很难的。

农村改革就是经历了试验、推广、成功这样的路径。我们原来以为人民公社这种体制才是真正的社会主义,把土地分给农民那就是搞资本主义,在那时就是谈"分"色变。后来安徽小岗村的农民,冒着走资本主义道路的危险,把土地分给了农民,结果大大解放了农村的生产力。之后中央进行了总结,建立了家庭联产承包责任制和统分结合的双层经营体制,在我国广大农村进行推广。开始的时候,人们的观念是难以转变的，但随着实践的不断深入，人们就认识到了这种体制是科学的。

市场经济体制的建立同样是这样的历程。马克思主义政治经济学，把有计划按比例发展国民经济作为社会主义的本质特征。新中国成立以后，我们开始大搞计划经济，那时只要你一提市场经济就是资本主义的，所以，在我们辞海里关于市场条目的解释，前面肯定是冠以资本主义。改革开放以后，我们建立了经济特区，逐渐认识到计划经济不能真正科学地配置资源，而且特区的市场经济发展了生产力，所以党的十四大提出建立社会主义市场经济体制。起初人们的观念也是难以改变的，但后来由于市场经济确实符合经济发展规律，确实能够发展生产力，所以人们在实践中真正转变了观念。

我们现在进行的教育改革也是这样，之前的教育改革无法实现人才培养模式的转变。人才培养模式的转变必须靠课堂模式的变革来完成。课堂教学改革才是中国教育改革进入深水区的重要标志，只有课堂改革才能真正实现人才培养模式的改革。我们都知道现在的课堂存在许多问题，或者说中国教育的许多问题都集中反映在课堂上。但是如何改？由原来的以师为本转变为以生为本，由原来的以教为本转变为以学为本。说起来简单，做起来就难了。那么，我们用什么样的课堂模式来实现以生为本、以学为本？近几年许多学校进行了有效的探索，并取得了明显的成效。中国教师报在这方面做了大量的工作，他们在全国总结推广了一些先进典型，并推出了高效课堂教学的九大范式，我们应该认真借鉴。

诚然，课堂教学改革若没有观念的转变肯定不能成功。如果没有人转变观念，改革就无从谈起，但等人们的观念都转变了再改革就太晚了。面对中国教育的现状，我们已经没有时间等待了。课堂教学改革是对传统课堂的颠覆性改革，既是观念革命，又是课堂技术革命。让觉悟者先行先试,然后让教师掌握科学的课堂技术,再通过一系列行政手段进行新技术推广。让教师在改革中体会,在改革中破解困惑,在改革中不断转变观念。

所以,教育行政部门要制定出一系列的推动改革的措施和制度,用制度制约和牵动全局。通过各种途径推动改革,并制定以学评教的新的课堂评价标准,把课改同评先选优结合起来,把课改同领导干部的选拔任用结合起来,把课改同教师的晋级结合起来。这样引导学校和教师搞课改,让教师真正在课改中提升自我,在课改中找到自己的职业幸福感,在课改实践中真正转变观念和拥护课改,实现通过技术革命推动观念革命。

双轮驱动推动教育改革

  改革开放以来，教育为国家各条战线培养出许多人才，但我们也必须看到，教育改革还滞后于经济体制改革。经济体制改革实现了两个重大的转变，一个是工作重心的转变，另一个就是经济体制由计划经济向市场经济的转变，而教育改革滞后于经济体制改革。

  改革开放以来，国家召开了四次全国教育工作会议，每次会议都提出了一些重大的改革措施。我们在改善办学条件方面，在教育规模发展方面，在教育管理的体制方面，在课程改革方面，在学校文化品牌建设方面都有了很大的突破，但教育改革走到今天，教育体制机制还不完全适应教育的健康发展，人才培养模式改革还没有突破性的进展。

  体制机制建设决定培养什么样的人，人才培养模式决定如何培养人，这两个问题就是我们当今教育的两个最基本的问题，不可分割。体制机制决定人才培养模式，也就是说我们的体制机制规定了需要什么样的人，那么我们就会有与之相适应的人才培养模式。比如我们现在的中高考制度，就注定要形成应试教育的人才培养模式，但反过来，人才培养模式的变革也促进教育体制与机制的变革。

  我们可以从经济体制改革中得到教育改革的启示。改革开放以前，我们一直以为搞计划经济就是走社会主义道路，而把搞市场经济当作走资本主义道路，所以我们所有的改革都是在计划经济的框架内进行的，但计划经济不能够科学地按照经济规律配置经济资源，因此当深化改革的时候，就发现计划经济不适应经济的发展。直到在经济改革的过程中，一些地方从实践出发，突破了计划经济是社会主义，市场经济是资本主义的理论禁锢，进行了大胆的尝试，结果解放和发展了生产力。后来我们党对什么是社会主义，如何建设社会主义进行了重新思考，提出了社会主义有市场，资本主义有计划，计划和市场不是社会主义和资本主义的本质区别，是经济发展的手段。这一在实践基础上的理论突破，让我国经济踏上了市场经济的快车道。

经济改革给我们的最大启示就是，当经济体制不适应经济发展的时候，局部生产方式的变革，可以引起整个经济体制的变革。

目前的教育体制与机制已经阻碍了教育的发展，不适应人才的培养，但这种改革是一件相当难的事情，需要积极稳妥逐步进行。比如目前的中高考制度，虽然不适合人才的培养，但还是公众比较认可的一种相对公平的制度。体制改革必须考虑社会的承受能力，不能一蹴而就，教育体制要不断创新以适应教育的发展。教育体制与机制的改革是根本性的、全局性的改革，是决定教育发展方向和人才培养模式的改革，是教育改革这一双轮车中的一个轮子。

作为教育工作者，我们最应该思考的问题是，在现有教育体制下，应该在人才培养模式改革方面做什么。人才培养模式改革的核心是课堂教学改革，传统课堂形成的教师与学生之间、学生与学生之间、教师与教师之间的关系，已经严重阻碍了学生的发展和教师的发展，所以，我们要从最微观的课堂入手。课堂是撬动教育发展的支点，我们的改革就是从改革师生的关系入手，改革课堂教学模式，构建一种生本课堂模式。课堂教学改革是教育改革这一双轮车中的另一个轮子。

我们一定要在教育观念上有一个大的突破，构建以生为本的教育观念体系，构建以学为本的课堂教学模式，为教育体制与机制改革提供实践的依据。教育改革必须一手抓教育体制机制改革，一手抓人才培养模式改革，只有双轮驱动才能真正推进我们的教育改革。

课改的多重考验

我们为什么总是在强调课堂教学改革？因为它是我们教育工作中最重要的工作。改变课堂是当前中国教育的重心，课堂不变教育就不变，教育不变就很难培养出人才，没有人才民族就很难振兴。改变课堂靠教师，教师不变课堂就不变。所以当前改变教师，改变课堂是中国基础教育改革的两大主题。这两大主题能否实现，是对政府行政能力的考验，是对教育工作者责任和良心的考验，是对教育工作者教育能力和智慧的考验。

中国基础教育改革只有进入到课堂教学改革层面，才算真正进入了改革的深水区，原因有四：一是只有改变课堂，人才培养模式才能改变，教育才能培养出真正的人才。二是只有教师改变，课堂才能改变。改变教师是个复杂而艰巨的工程，相对较难，难就标志着进入了深水区。三是课堂教学改革与改善办学条件不同，改善办学条件主要是投入大量的资金，应该说这方面的资金投入与懂不懂教育规律没有直接的关系，只要有钱就能够改善好。但课堂教学改革需要的是教育工作者的教育智慧，办学需遵循教育规律，不会在教育的海洋中游泳，就会被淹死，所以深水区要求我们要像教育家那样办学。四是只有实现学生学的均衡，教育才能均衡发展。学生不论在什么样的硬件条件的学校学习，其目的就是想得到自己需要的知识、能力、品质和人格，如果课堂能够给学生提供这些东西，那么就必须想办法让课堂均衡，只有课堂均衡才能实现学生真正学的均衡。应该说，只有真正启动课堂教学改革，中国教育改革才算进入了深水区。

课堂教学改革是对政府行政能力的考验。中国教育改革提出许多年，也取得了许多成效，应该说以往的教育改革为改革进入深水区奠定了坚实的基础。但素质教育提出之后，我们虽然做了大量的探索，但仍然没有实质性的进展，课堂培养模式仍没有实质性的改变。"钱学森之问"必须引起我们对教育的反思。应该说，课堂改革能否成功关系到在中国能否搞素质教育，关系到中国能否培养出真正的人才，关系到我们民族的前途和命运。素质教育在课堂，能否改变中国的课堂，是对政府行政能力的考验。

首先，政府必须坚持教育工作的两手抓：一手抓投入，一手抓改革。而改革的重点必须放在课堂改革的层面上，其他各项改革必须服从、服务于课堂改革。其次，必须制定一系列的政策措施，推动课堂教学改革。课堂教学改革，看似是教育部门和学校的工作，但其主战场在学校，如果不上升到政府的行为，课堂改革就永远也不可能有实质性的进展。再次，政府在任用干部时，应首先考虑让那些热爱教育、懂教育、能真干教育的人进入领导岗位。教育耽误不得，孩子更耽误不得。最后，政府必须给教师成长创造良好的环境，一定要培养优秀师范毕业生从事教育工作，同时还要培养在职教师尽快成长，以适应新的教育改革形势，对有些教师不适应教育工作的情况要建立教师退出机制。

课堂教学改革也是对教育工作者教育责任和良心的考验。面对中国教育的现状，面对国家的前途和命运，面对学生的终身发展，我们的唯一选择就是改革。课堂改革是最重要的也是最迫切的，更是我们教育工作者工作的主战场,我们必须在课堂,也只有在课堂才能发挥我们的聪明才智。我们的良心在课堂,我们的责任在课堂,我们的成就在课堂,我们的幸福也在课堂。

课堂教学改革更是对教育工作者教育能力和智慧的考验。课堂教学改革,就是要求我们按照教育规律办事,要求我们像教育家那样办学。如果我们不提高自身的素质和能力就很难完成这场关系到国家命运的改革,我们的教师必须进一步解放思想、更新教育观念、转变自身角色、掌握课堂技术、建设崭新课堂,而不能用老眼光看新事物,更不能穿新鞋走老路,要挑战传统,挑战权威,挑战世俗,挑战自我,以崭新的姿态从事教育事业,为课堂改革做出自己的贡献。

课堂教学改革绝不是简单的微观改革,它是以课堂教学改革为突破口的综合性的深层次改革,它必须是一场政府启动、行政推动、科研牵动、学校行动、教师真动的系统工程。这场改革的成败关系到素质教育能否实现,是对政府行政能力的考验,是对我们教育工作者教育责任心和良心的考验,更是对教育工作者教育能力和智慧的考验。

课堂革命

当我们真正回答了课改是什么，就会找到思想的出发点、行动的支点和落脚点。课改是一场心灵的革命、观念的革命、课堂技术的革命、教育行为的革命。

课改是一场心灵的革命。中国基础教育走到今天，应该说我们取得了一些可喜的成绩，但我们也必须清醒地认识到，还存在着许多问题。学生厌学、教师厌教不是个别现象；只顾个别好学生，不顾全体学生的所谓精英教育比比皆是；只顾升学不顾学生全面发展，把升学率当作教育GDP而盲目追求的做法被推向极致；只顾学生发展，不顾教师成长与发展致使教师失去了职业幸福感等等。许多人把这些问题的产生归结为教育体制与机制的不完善，但我更认为这与简单僵化的课堂模式密切相关，可以这样说，基础教育的所有问题最终都会反映到课堂上。目前的课堂模式根本不能实现学生的真正发展。我一直认为课堂教学改革是教育改革的突破口，解决教育问题必须从微观的课堂入手。如果我们的内心始终想着孩子的发展，始终想着民族的未来，我们就会从心灵的深处有一种"从油锅里捞孩子"的历史紧迫感。面对孩子和满怀希望的家长，我们必须寻求让每个孩子都成为最好的自我的方法。改不改是责任问题，是良心问题，所以课改是一场心灵的革命。

课改是一场观念的革命。课堂教学改革不是对传统课堂的修修补补，而是对传统课堂的颠覆性改革。我们要真正树立崭新的教育观、学生观、教师观、课堂观和教学价值观。我们提倡这样的教育观：解放学生，发展学生；不唯师，只唯生；不唯教，只唯学；最终实现师生共同发展。我们提倡这样的学生观：学生是教育的主体；不放弃任何一个学生；从最后一名学生抓起；让每个学生都成为最好的自我。我们提倡这样的教师观：教师是学生学习激情的点燃者；教师是学生学习方法的传授者；教师是学生攀登知识高峰的引导者；教师是学生破解知识难题和心理困惑的点拨者；教师是课堂教学资源的整合者；教师是学生学习的服务者。我们提倡这样的课堂观：学习必须变成学生自己的事情；学习必须发生在学生身上；学习必须按照学生的方式进行。我们提倡这样的教学评价观：以学定教，以学评教，以学促教。教育观念的革命才能带来教育方法和教育行为的革命。

  课改是一场课堂技术的革命。我们的良好愿望和先进理念只有落实到教育方法上，才能真正实现我们的教育理想和教育目标。我们必须遵循学生人性发展的需要，遵循学生身心发展规律，遵循知识发展的逻辑规律，探索有效的教学模式。当前，全国许多学校在教学模式改革方面都进行了积极的探索，比如山东杜郎口中学、山东兖州一中、山东昌乐二中、河北围场天卉中学等等。中国教师报总结出了九大高效课堂"教学范式"，这些方法虽然各有特色，存在一定的差异，但这些模式的共同特点是都遵循了预习—展示—反馈的教学流程。李炳亭先生将这些教学模式总结为五步三查法。这个方法集中体现了现代教育理念，是能够真正承载科学理念和教育教学目标的有效方法，具有科学性和普适性，我们要根据各地的实际认真学习研究和借鉴。要积极引导教师掌握课改的核心技术，对那些课改先进学校要科学地评价，要善待这些改革者，不能说三道四，自以为是，更不能讽刺挖苦、批评、排斥。

　　课改是一场行为的革命。观念决定教育方法，但不论什么样的方法必须变成行动，才能转化为成果。想到和得到之间必须是做到，所以行动是我们的第一法则。有许多地方和学校还热衷于参观学习讨论，坐而论道，而不是脚踏实地地去实践。有许多人没有实践就问这个问题怎么解决，那个问题怎么解决，一味预设问题和难题。没有做怎么知道有这样的问题，我们不能想当然，在实践中遇到的问题才是真正的问题，一个一个的问题和困惑被破解了，才能真正前进。那些只说不做的人，立即行动吧，行动是我们的唯一选择，纸上谈兵只会一事无成。

　　课改只有成为心灵革命、观念革命、技术革命、行为革命，才能大踏步地前进，孩子才能得到真正的发展。

这条路根本行不通

　　一些专家认为学生是有差异的，所以我们的教育必须满足差异化的需要。如何满足差异化的需要呢？他们提出的方法是"无限优化教育资源以满足学生的需求"，比如：建设一流的图书馆，连走廊里都可以看书，建设一流的实验室，提供一流的教师队伍，学生可以随便走班听课，喜欢听谁的课就去听谁的课，行政班和教学班分开等等。这些办法好不好？我们不能说不好，但我们真的能够做到吗？我想现在不可能做到，如果有一天真的做到了，教育教学质量也不一定就像想象的那样理想。

　　一些专家，要么从理论到理论，讲的东西在现实中无法实践；要么就是那些大城市的校长，他们也确实做到了，但这样的学校在我们国家究竟能有多少？当然是寥寥无几。这样的经验和做法也没有普适性，人们只能是望洋兴叹，无所作为。

　　靠无限优化教育资源来满足学生的需求差异的办法，在认识上是个误区，在实践上是一条行不通的路。教育教学的目的就是让学生成长，学生成长的过程就是教与学这对矛盾运动的过程，在教与学这对矛盾中，学是矛盾的主要方面，教是矛盾的次要方面，学生是自身发展的内因，教师是学生成长的外因。也就是说"教"是"学"的重要条件，不论是改善办学条件，还是无限优化教师资源，其实都是在学生成长的外因上下功夫，这些外因甚至包括教师的"教"，而学生真正成长的内因就是自身的"学"。

我不是否定教师的作用，更不是否定改善办学条件的必要性，而是想说明学生成长的外因再好，也只能是学生成长的条件。我们靠教学条件的改善来提高教育教学质量也是有一定局限性的，或者说，不是条件越好教育教学质量就越高，一个学校教育教学质量的高低关键在于有没有形成学校文化的内核，学生能不能发挥主动性、积极性和创造性。如果教育能够把学生的主观能动性调动起来，让学生想学习，会学习，那么就一定能够学会，就一定能够在学习过程中使自己的品质得到培养。

"无限扩大教育资源来提高教育教学质量"的思路导致现在出现这样的倾向：一提到素质教育和教育均衡发展，就和教育投入和改善办学条件紧紧挂上钩，结果是盲目扩建，盲目地购置现代化的教育教学设备，盲目地搞名目繁多的教师素质提升工程……这样一来，那些条件好的学校得到了群众和政府的青睐，加大投入，吸引优质学苗，办成所谓的名校。而那些农村学校就只能是望洋兴叹，望尘莫及，妄自菲薄，无所作为，最终造成真正的教育不均衡发展。

我的结论是，靠改善办学条件和教师的均衡来提高教育教学质量的办法是行不通的，盲目跟风无休止地改善办学条件的做法是错误的。因为这些都是学生成长的外因，我们的关注点应该是在能够满足教育教学条件的基础上，思考如何转变教师的角色，让教师成为学生成长的导师，而不是简单的知识传授者，思考如何构建现代学校文化，如何构建以学为中心的课堂，用强化内因的办法去弥补外因的短板。

学的均衡才是真正的教育均衡

教育的均衡发展是国家提出的战略目标，现在所说的均衡，一般是指硬件的均衡，比如：校舍、图书馆、实验室、师资等方面。硬件均衡的目的是让学生享受到同等优质的教育资源，从而达到教育内涵的均衡发展，也就是说教育均衡发展的终端显示就是学生学的均衡。那么是不是硬件均衡了，就一定能实现学生学的均衡呢？硬件均衡是学生学的均衡的必要条件但不是充要条件。全国现在有许多硬件条件很一般的学校，教育教学质量却很高，比如山东的杜郎口中学，它们的硬件别说在全国，就是在山东应该也是排不上号的，但他们却创造了辉煌的成绩，这不能不引起我们的反思。

什么决定着教育的均衡发展呢？我认为硬件是一个条件，政府必须要高度重视，要让孩子们接受公平的教育，但教育工作者应该从另外的角度看问题。学的均衡才是真正的教育均衡，那什么叫学的均衡呢？就是不论学生在什么样的学校都能获得所需要的东西，包括能力、素质、智慧、品质、人格和成绩。这些东西的获得和硬件有关系，但没有直接的关系，有直接关系的是获得这些东西的教育教学模式。如果课堂真正成为"知识的超市、生命的狂欢"，孩子们能不受到良好的教育吗？

决定课堂教学模式的是什么？是教育教学观念。观念决定人的心智模式，决定人的思维方式，决定人的行为模式，决定人的行为结果，所以在某种程度上说,教育思想和观念的均衡是决定学生学习均衡的重要条件。全国有许多学校真正树立了以人为本、关注生命的理念,探索出了科学的以生为本、以学为本的科学育人模式,即实现学生学的均衡的模式。为了让每个学生都成为最好的自我,让每个学生都成功,我们教育工作者不能等着硬件均衡了再去发展教育,我们必须抓内涵均衡。

当前我们最应该做的就是抓校长教师观念的转变,让他们真正树立"解放学生,发展学生;不唯师,只唯生;不唯教,只唯学;师生共同发展"的理念,改革课堂生产关系,解放和发展课堂生产力,实现课堂教学结构的战略性调整,让每个学生都能获得生命发展所需要的东西。就像我们想买东西一样,不论你是在超市,还是在百货商店,甚或是在大集市,只要买到了自己需要的商品,这就达到了我们的目的。

千万不要认为我是在说政府投入搞硬件均衡没用,作为教育局长,我是多么希望明天的孩子们都能受到平等的教育,但现实和我们的美好愿望总有差距。作为教育工作者,现在必须思考的是:我们现在应该做什么?能做什么?我们做的有什么价值?不等不靠、大胆改革、勇于创新,让孩子们真正发展。我想,一些薄弱学校如果通过改革,实现了学的均衡,就会促使政府改善我们的办学条件,让领导视线不再专注那些所谓的名校,早日实现教育的均衡发展。

改革课堂生产关系
解放和发展课堂生产力

所谓课堂生产力，就是学生探索规律，掌握知识，形成优秀品质，构建健全人格的能力。所谓课堂生产关系，就是在学生获得这些能力的过程中形成的，学生与教师之间、学生与学生之间的关系。当课堂生产关系适应课堂生产力发展时，就促进学生能力的发展，反之就阻碍学生能力的发展。

传统课堂的基本模式就是教师讲学生听，教师与学生的关系就是演员和观众之间的关系，学生和学生之间就是观众和观众之间的关系。传统课堂形成的这种关系有两个显著的特点：一是颠倒了主导与主体之间的关系。二是没有把学生当作课堂的资源去开发和利用。所以传统课堂的生产关系已经严重阻碍了学生能力的提高与发展。那么要想提高课堂效率，也就是提高学生的能力，就必须改革教师与学生之间，学生与学生之间的关系，进而实现解放和发展课堂生产力的目的。

在教育发展的各种矛盾中，教师和学生之间的矛盾是诸多矛盾中起关键和主导作用的矛盾，因而是教育发展的主要矛盾。而在教师和学生这对矛盾中，学生是决定教育发展的主要因素，因而是矛盾的主要方面。所以改革课堂生产关系的实质就是真正确立学生的主体地位。那么如何真正把学生当作课堂的最大资源，构建适合学生发展的新的课堂生产关系呢？

我认为，教师与学生之间的关系，在课堂教学过程中表现为教与学之间的关系。所以在质和量方面重新确定教与学之间的关系，就是改革课堂生产关系的关键。

以学定教。教师的教必须围绕着学生的学，教师为学服务，教师的教主要体现在充分做好学情调查的基础上的精讲和点拨，而不是霸占课堂。

以学评教。教师教得好不好的唯一标准是学生学习效果的好不好。能够让学生学会、会学、乐学的课就是好课。

少教多学。必须改变教师霸占课堂话语权的现状，把时间和空间还给学生，让学生成为课堂的主人，从教与学的量上确定学的主体地位。

先学后教。必须改变传统课堂的学生对教师的依赖性。学生应按照导学案先进行自主学习，这样就从教和学的顺序上确定了学的主体地位。

学者也教。学生是课堂的最大资源。让知识在学生之间相互传递，实现兵教兵、兵练兵、兵强兵的目的。学生既是学习者也是教育者。

教者也学。由于课堂的时间和空间还给了学生，课堂上会生成许多教师无法预设的问题，所以教师就会和学生一起学习和探讨知识，教师变成了学习者，教师的专业素质也得到了迅速提升。

教为不教。教师的教主要是讲学科的学习方法和学科的知识结构，是为了教会学生学会学习，教师教是为了实现不教。

教学相长。我们提高教师的专业素质的传统办法往往是脱离学生和课堂，搞一些培训、讲座、考试等，这些方法没有真正收到实效，高效课堂给教师提供了在战争中学习战争和研究战争的平台，真正实现了教学相长。

以上几方面就是重新构建教与学关系的基本原则，只有教与学关系科学合理，师生关系才能科学合理，课堂的生产关系才能科学合理，才能真正实现解放和发展课堂生产力，实现打造高效课堂的改革目标。

课堂领导力是校长的第一领导力

课堂教学是学校唯一重要的事情，原因很简单，因为课堂是学校的产品，没有好的产品就没有好的学校。判断学校工作得失必须坚持"三个有利于"：是否有利于学生的成长与发展，是否有利于教师的成长与发展，是否有利于学校的成长与发展。无论是学生、教师还是学校的成长与发展都离不开课堂这个平台，或者说，离开了课堂，谈学生的成长与发展、教师的成长与发展、学校的成长与发展都是一句空话。所以说学校最重要的，也是唯一重要的环节就是课堂教学。那么，作为校长，他的第一领导力就应该是对课堂的领导力。

恐怕有校长要问，学校的事情千头万绪，作为校长需要做的工作太多了，比如学校安全、教师考评、教师培训、学生纪律、校园建设、协调关系、迎接各种检查等等，怎么能顾得上课堂教学？我认为，学校的一切工作都是为课堂教学服务的，或者说学校的一切工作都必须服从于课堂教学，无论你做什么工作，都是为了提高课堂教学质量。在学校发展的诸多矛盾中，课堂教学是决定学校发展的主要矛盾，所以校长必须清楚地认识到，抓课堂教学才是抓主要矛盾，教育无小事。对于学校来说，课堂教学就是天大的事情，没有优质高效的课堂就没有学校的生存与发展。

有些校长，整天忙于一些事务性的工作，忙得头不抬、眼不睁，忙的都是什么？你拿出了多少时间走进课堂去听课评课？你拿出了多少时间去研究课堂？你拿出了多少时间给教师做讲座？有的校长不进课堂，一年也写不了一篇关于教育教学的文章，当你一问及有关教学工作时，他们往往把学校主管教学的副校长或者教务主任叫来，说具体的工作都是他们做的，他们没有时间顾及课堂这样的小事细事，一些大事情还管不过来呢。这真是本末倒置，种了别人的地而荒了自己家的田。校长要学会"弹钢琴"，要建立一套科学的制度让学校领导班子成员各司其职，自己应该把主要精力放在课堂教学上来，如果没有课堂教学这个主旋律，那么你弹出的调子一定不悦耳，甚至是杂音。

看一个校长是不是合格的校长，第一标准就是看他是否具有较强的课堂领导力，如果没有较强的课堂领导力，再苦再累也不是合格的校长，这样的校长不会带领他的学生、教师和学校飞得更高更远。校长不是社会活动家，也不是外交家，更不是勤杂工，要从复杂的事务性活动中解脱出来，把主要的精力放在领导课堂教学上来，提高自己的课堂领导力。

当前，提高对课堂的领导力，最重要的就是深化课堂教学改革，创新人才培养模式，按照"解放学生，发展学生；不唯师，只唯生；不唯教，只唯学；师生共同发展"的整体原则，全面落实学生的主体地位。所以，当前看一个校长是否具有课堂领导力，应该有三条标准：一是看他是否把主要精力放在课程与课堂上；二是看他是否有课堂教学改革的信心与决心，三是看他是否有领导课堂教学改革的能力。传统课堂到了非改不可的程度了，一个校长想不想改革，这是个政治问题，而改好改不好，这是个素质问题，没有政治责任感和改革能力的校长都是不合格的校长。

好课不可复制

一、十年前，我在学校教书的时候，学校就经常搞公开课、观摩课、优质课、青年教师基本功大比武等等。我也曾经是那个队伍里的一员。当时学校有一名教语文的女教师，就因为上了一节公开课，层层选拔，从学校到区里、市里、省里、国家，最终成为了"全国劳动模范"。包括我在内的同事都很羡慕她，都夸她的课上得好，是我们学习的榜样。但那时也有一件事情搞不懂：她那么厉害，为什么她们班的语文成绩不是最好的呢？所以也有一些教师不服气，说有本事你把成绩教出来。我们还都为那位女教师鸣不平：人家费那么大的劲儿，辛辛苦苦地准备了两个月，还有那么多专家帮助打磨，为我们学校争了光，你们还有什么不服的，还说什么风凉话？

现在看，那些不服气的教师是有道理的，当然也不是那位女教师的错，她当时的做法无可挑剔，错的是我们评优质课的标准扭曲了。我们过去评优质课其实就是看教师表演得如何，谁表演得好谁的课就是好课，而忘记了我们教育的出发点和落脚点，上课是为了让孩子们学会、会学和乐学，如果我们忘记了出发前的目标，就永远也不会走向成功，因为方向比勤奋更重要。最令人担忧的是，我们现在还在搞所谓的公开课，还在扭曲的路上一路奔跑，跑得离目的地愈来愈远。一些教育专家手里拿着他们的评价标准，去评课导课，结果呢？形成了今天评价文化的扭曲。

什么样的课是好课？让学生学会的课就是好课。什么样的课堂是好课堂？能让学生学会的课堂就是好课堂。什么样的模式是好模式？能让学生学会、会学、乐学的模式就是好模式。这应该是我们唯一的评价标准。我最近听了许多课，感觉很愉悦，每堂课都生成许多新东西。过去我走进传统的课堂感觉很累，坐在那里和学生一样盼望着下课，看教师表演很无聊，现在每堂课都过得很快，我就想，好课和不好的课除了最终以学生学习效果作为评价标准外，它们在特征上还有什么区别呢？后来我突然感觉到，传统好课是教师表演，演员就一个，这样的课可以复制，而我们说的好课是"知识的超市、生命的狂欢"，是学生们用激情演奏出的生命的乐章，是不可复制的，所以我的结论是好课不能复制，能复制的课就不是好课。

我读了《中国教师报·现代课堂周刊》主编郭瑞的文章《板砖向公开课砍去》，感觉很振奋，为她的教育情结、教育洞察力、教育批判精神和教育抱负所感动，我愿和许多郭瑞一起拿起"板砖"向传统的公开课砍去，为课改做出自己的贡献。

成绩是课堂教学的副产品

最近阅读这样一个故事,故事的大概意思是:一个中国的学生在美国读书,上课认真听讲。有一次,老师在课上讲了六点他都记下了,并认真复习。考试时他完整地答了老师讲的六点,老师给他的成绩是B,另外一个学生答了其中的两点,老师给他的成绩是A,还有一个学生只答了一点,但不是其中六点的内容,老师也给了个A;中国的学生不解其意,老师告诉他,答两点的学生有四点他不同意,有批评精神,所以给了A;答一点的学生不同意我讲的六点,自己答了一点,也有道理,他不但有批判精神,还有创新精神,所以也给了A,你不批判也不创新,所以给了个B。

这个故事从表面看,好像是美国和中国对学生的评价不一样,但我们必须思考的是,我们究竟应该如何评价学生,也就是课堂究竟应该给学生什么东西?我们做任何事情都不能忘记出发时的目的。如果忘记了,不但会走许多弯路,还会做一些没有价值的工作,最终事倍功半。

学校的产品是课堂,有好课堂的学校就一定是好学校。那么课堂的产品是什么?有人说是学习成绩。这话也对也不对,那就要看怎样理解成绩了。如果把成绩简单理解成现在这张带有分数的考试卷,我认为就不完全对。因为学生读书的最终目的不仅是获得知识、能力,更要养成优秀品质和健全人格,或者说是知识与技能、方法与过程、情感态度和价值观。现在的考试卷显然不能考出情感态度和价值观。如果说这成绩是学生获得的真正知识，这话还对，因为所谓真正知识是学生走出校园后，具体知识忘光所剩下的东西，就是能力、素质、优秀品质和健全人格。

那么课堂的产品究竟是什么，我认为，课堂的主产品是能力、素质、优秀品质和健全人格，副产品才是那张带有分数的成绩单。当课堂的主产品打造出来后，副产品自然也就有了。试想如果一个学生有了学习能力后，能没有成绩吗？如果我们一味地追求分数，忘记了课堂主产品的生产，急功近利，孩子们读书毕业之后，拿什么本领做社会主义现代化建设的合格建设者和接班人？

课堂就像酿酒一样，主产品应该是美酒，副产品是酒糟。有酒必然有酒糟。当我们拿不出美酒的时候，就告诉人们这酒糟就是主产品，时间长了，人们习以为常，以为这就是主产品，所以衡量教育发展水平的就成了分数。课堂模式也就按照培养高分的模式去确定流程，也就是今天比比皆是的传统课堂。如果这种现状如果不改变，我们是无法真正成为人才强国。我们要时刻牢记教育的目的是培养学生的能力、素质、智慧、品质和人格，千万别忘记了目的和愿望，要按照培养合格建设者和接班人的科学模式去培养学生，千万不要总拿分数奉献给我们的学生、家长和社会，那样我们的民族就没有办法实现大发展大振兴。

学习发生的地方都是课堂

真正的学习，就是自主学习，因为学习就是自我构建的过程，通过对事物的认知，构建自己的知识体系、能力体系、道德体系。有了自主学习能力，才能实现终生学习。

真正的成功者，一定是善于学习者，也一定不是单靠学校学习取得成功的。学习应该是不限于学校围墙之内的，因为教育只能给学习者提供自我构建的条件，学校外面也有许多教育资源。

真正的学习者，可以克服一切阻力，去探究未知的领域。学习本身就是人的天性，人们总是通过对未知世界的探索，不断丰富和完善自己的主观世界，然后再去改造客观世界。

真正的学习者，能够把自己的主观能动性发挥到极致，一切都可以成为自己学习的条件和资源。学校是资源，社会是资源，自然是资源，交往是资源，积极的东西是资源，消极的东西也是资源。

真正的学习者，不但能够发现教育资源，还善于利用教育资源。主动利用和整合了教育资源，学习就真正发生了，学习无处不在，无时不有。

真正的教育者，要敢于和善于打开学校和社会之间的围墙，敢于让学生接触围墙外的东西，引导他们用自己的判断力鉴别真善美和假丑恶。不要等到学生走出校门之后，面对纷繁复杂的社会现实，无所适从，束手无策。

  真正的学习者,千万不要把自己的学习全部寄托在学校。因为学校教育给你的东西实在很有限,要记住:实践出真知,斗争长才干。

知识的最高境界是道德

  我们往往把知识学习和道德修养看成是两件独立的事情，所以学校就有了教务处和德育处两个独立的机构。教务处专门负责教学工作，德育处专门负责德育工作。一个抓课堂，一个抓课外的活动。或者有的学校干脆就把德育处的职责定位在抓纪律，学校德育工作变成了说起来重要，做起来次要，忙起来不要的工作。好一点的学校经常搞一些课外活动，对学生进行德育教育，所以就出现了一些所谓的特色学校。

  我们不应该把教学工作和德育工作割裂开来，知识和品德应该是一个过程的两个收获。我的观点是，知识的最高境界是道德。什么是真正的知识？所谓真正的知识，就是当你把具体知识忘光后所剩下的东西。那么剩下的东西是什么呢？是道德。道德是什么呢？道就是规律，就是方法；德就是德性，就是品质和人格。那么道和德之间是什么关系呢？合乎道的东西就一定合乎德。我们在学习知识的过程中，其实就是在感悟和探索规律，就是在不断地掌握方法。而在这个过程中，我们也就知道了什么是美好的，什么是符合人性的，什么是符合社会的，也就是什么是真善美，什么是假丑恶。所以从这个意义上说，我们的每一节课都是德育课。

  如果从这个理念出发，德育工作的主渠道就应该是课堂。过去我们说把德育渗透到学科教学当中，我认为这个说法也不科学，不是渗透，而是学科教学就承载着两个目标，即道和德。当前的课堂教学，存在的最大问题就是重视道的修炼而忽视德的培养，或者说只注重知识与技能的培养，而忽视了情感、态度与价值观的培养。所以我们就总想通过搞课外活动去教育学生。结果在"升学大战"的背景下，一些学校没有时间去搞活动，德育就变成了口号。

有的人也许会问，文科教学可以进行品德教育，理科教学怎么进行品德教育？这也是教育误区。其实如果你打开恩格斯的《自然辩证法》，就不会有这样的疑问。自然科学中孕育着大量深刻的哲学思想，这些思想对我们解读自然、解读社会、解读人生、解读自我都具有世界观和方法论的意义。教师一定要深刻挖掘学科中闪光的思想，不但要让学生掌握"道"，还要感悟到学科中的"德"。道和德本身就蕴含在学科教学当中，所以，我们说学科教学是德育的主渠道是正确的，但如果说把德育渗透到学科教学当中，其实就把道与德割裂开了，这种思想认识就一定导致实践上的偏差，结果造成学校工作分成两条战线，即教学与德育。靠课堂搞教学，靠活动搞德育。在片面追求升学率的今天，德育工作就被虚拟化了。

道和德是不可分割的一对孪生兄弟，知识的最高层次就是道德，课堂教学既是掌握知识的战场也是思想品德修炼的主渠道。只有从这样的理念出发，课堂教学才能真正实现三维目标，知识才能被活化和内化，德育工作才能真正落到实处。

应该研究和构建"学习学"

教育学就是研究教育教学规律的科学。随着教育实践的不断发展,传统的教育学正面临着前所未有的挑战,有许多有识之士正在深入研究新的教育实践,重新思考传统的教育教学常识,力求构建一门真正符合学生身心发展规律、符合教育教学规律的教育学。研究教育学的目的就是更好地按照教育规律办事。教育本身应是一切从学生出发,让人真正成为人,而且在教育的过程中,学生的"学"是内因,包括"教"在内的一切教育手段和行为都是外因。因此,"教育学"本身也是一门研究如何教的教育外因学,既然"学"是内因,我们就应该研究符合儿童认知规律的"学习学","学习学"是教育内因学。

关于学习科学的研究很多,有许多有价值的研究也都归入教育学的研究之中,只不过就是没有真正成为一种体系,我们应该从学这个逻辑起点出发,研究学的规律,对教育理论研究框架实现观念突破,即从研究如何教到研究如何学,系统梳理一门科学——"学习学"。当然学离不开教,只不过就是研究问题的出发点和归宿点不同,研究的对象和重点不同。

学习是一门科学,这毋庸置疑,但研究这门科学究竟应该研究什么呢?我个人认为,应该从以下几个方面有所突破。

学习动力论。每个人都是天生的学习者,每个人都有对科学探索的欲望,每个人也都能够成为成功的学习者。那么学习的动力究竟是什么?

一是意义驱动。学习能够改变人生，从而改变社会。二是天性驱动。每个人都有好奇心和展示欲，学习就是为了满足自己的天性。三是快乐驱动。在过程中体会快乐，在结果中体验幸福。

学习方法论。学习过程本身就是探索真理、发现真善美的过程。所以，学习的方法应该遵循三个规律。一是遵循学习者的认知规律。二是遵循学习者身心发展规律。三是遵循知识发展的逻辑规律。这里既有普遍的规律，也有由学习者本身和不同学科而决定的特殊规律。

学习条件论。学习本身就是自我构建的过程，那么构建就需要条件，学习者本身必须有强烈的整合学习资源的意识和能力。一是善于整合和利用学校提供的包括教在内的条件。二是善于整合和利用社会的各种教育资源。三是善于整合和利用一切包括家庭在内的与自己有人际关系的教育资源。整合也是利用，利用就是丰富和完善自我的过程。

学习过程论。过程本身就是构建，构建自己的知识体系，能力体系，道德体系。学习的过程遵循这样的规律：由感性认识到理性认识再到感悟和行动。一是对事物有一个现象的感知，即对事物外部联系的认识。二是对事物本质规律的认识，形成思想和理念。三是形成自己的世界观价值观并付诸行动。

学习评价论。对学习的评价，主要从三个方面展开，一是看学习的积极性主动性强不强，即想不想学习。二看学习的方法是不是科学，即会不会学习。三看学习过程是不是快乐，效果是不是好，即通过学习是不是构建和完善了自身的知识体系，能力体系和道德体系。

总之，研究和构建"学习学"不仅是教育观念上的重大突破，还会把我们的教育实践推向一个以生为本、以学为本、以成长为本的新阶段，对我们当前的教育具有重要的世界观和方法论意义。

第五章
学是高效课堂的逻辑起点

　　课改就是要构建一套以"学"为中心的观念体系,教师要把自己转变成学生学习的指导者和服务者,掌握一套以"学"为中心的行动模式。

"学"是高效课堂的逻辑起点

以"学"为中心还是以"教"为中心是传统课堂和高效课堂的分水岭。

"学"是学生成长的内因,"教"是学生成长的外因。教学总在研究如何教,如何教就是强调外因,只有研究学,才是强调内因。

"学"与"教"的关系是教育的主要矛盾,"学"是矛盾的主要方面,"学"决定着课堂的质量。

"学"是高效课堂研究和实践的逻辑起点。教只有越来越无奈,学才能越来越神奇。我们必须构建以学为中心的观念体系和行动模式。

"学"是通向"罗马"的光明大道。我们要想让学生达到成功的彼岸,唯一能够到达彼岸的船就是"学"。

"教为中心"的模式,具有先天缺陷,无法让每个学生得到关注,无法让每个学生都成为最好的自我。

"教"的唯一任务是促进"学"的真正发生,所以必须以学定教、以学评教、以学促教。

我们要从量上确定"学"的主体地位——少教多学,我们要从顺序上确定"学"的主体地位——先学后教,我们要从空间上确定"学"的主体地位——分组学习。

只有"学"才能真正把学习变成学生自己的事情,让学习发生在学生身上，让学生按照自己的方式进行学习。

"学"就是把学生看作课堂教学的最大资源，把利用学生当作课堂教学的核心技术，让普通的教师上不普通的课，让普通的学生成为不普通的学生。

只有构建以"学"为中心的课堂，才能实现学学相长，教学相长，教教相长。

课改就是要构建一套以"学"为中心的观念体系，教师要把自己转变成学生学习的指导者和服务者，掌握一套以"学"为中心的行动模式。

学生是课堂教学的最大资源

  有许多人在讨论中国教育缺什么，说法很多，仁者见仁，智者见智。我认为，当前中国教育最大的问题是目中无人。目中无人就是眼中没有学生。目中无人的表现：不是按照孩子的身心发展规律去搞教育，也就是说教育没有真正做到为孩子的终身发展服务，而是让孩子被动地适应教育，致使教育最终扼杀了孩子的天性，孩子们的实践能力和创新能力不强，所以高科技人才就很少。与这个问题相关的就是，课堂模式是教师唱独角戏，没有把学生看作是课堂的最大资源，自主、合作、探究的学习方式得不到真正的落实，学习很难发生在学生身上，很难成为学生自己的事情，也就很难按照学生的方式进行。因此，必须树立学生是课堂教学的最大资源的理念，真正做到相信学生，解放学生，利用学生，发展学生。

  把学生看作是课堂教学的最大资源就必须改变教师"二传"的做法，教师不再一味地担当"二传手"，而是鼓励学生与知识对话，即放手发动"一传"，教师不再是一个传统的知识灌输者，而是一个点燃学生学习热情和生命激情的"纵火者"。任何一个教师不论其水平有多高，在学科面前都是渺小的，因为他不可能穷尽本学科所有的知识，或者不可能解决学生提出的所有问题，如果教师霸占了课堂，那么教师只能讲他所会的，即使学生把教师讲的都学会，又能有多大的发展？如果教师放手让学生共同探讨，提出问题，和学生一起研究，这样会生成许多问题，在这样的课堂上学生不但可以学会自己不会的问题，还能学会许多教师不会的问题。

相信是放手的前提。我们没有理由不相信学生，只有相信学生，才能放手学生，只要给他们搭建一个平台，他们就一定会给出许多惊喜。相信就是真爱，就是最大的师德，我们必须构建一个让学生自主、合作、探究的教学模式，小组合作就是很好的模式，只有把小组真正建设好才能真正实现自主、合作、探究。杜郎口中学的"预习—展示—反馈"模式是很好的学习模式，通过展示调动孩子们的自尊心、表现欲、认同心和荣誉感，激发孩子学习的动力，而反馈又检验了学习成果。这些模式值得我们学习。

在合作学习的过程中，一般是学困生在展示的过程中，会出现一些问题和偏差，这样中等生去质疑，优等生来讲解。有人也许会说，好学生都会了还要给不会的学生讲解，那不是耽误好学生学习吗？这应该是个认识偏差，什么叫会？会有三个层次，第一层是会写不会说，第二层是会写还会说，第三层是会说还能把不会的学生说会。所以在给别人说的过程也是提高自己的过程。在兵教兵、兵练兵、兵强兵的过程中，学生的合作精神、表达能力得到了提高，在相互学习过程中，会生成许多新的东西，这样教师也得到了提高，真正实现了教学相长。这样的课堂才能真正实现情感态度价值观的培养。

要想真正提高课堂效率，就必须把学生看作是课堂的最大资源，教师的作用是整合这个资源，从而实现知识在学生之间相互传递，而不是由教师这个"二传手"进行传递，只有教师变成了引导者和服务者，才能实现课堂的高效。

学习即构建

2001 年，我在区委宣传部做常务副部长的时候，去省委宣传部参加培训，同房间住的是一位年长的县委宣传部的常务副部长。由于不熟悉，所以就很少聊天，各自忙自己的事情。当时我带了《哲学体系新论》和《矛盾存在形态论》两本书，晚上自己在房间里读。三个晚上我一本也没有读完，我不看的时候，他就随便地翻翻，结果两本书很快就看完了，然后就给我讲书中的主要观点。我很佩服，感觉他读书的速度快，领悟能力强。回来我反思这件事情，他不是看得快，而是他的哲学功底很深，自己的头脑中已经有了自己的知识框架，读书时候是有选择地读自己没有接触的那一部分新东西，把这些新东西放在自己原来的框架内。其实，学习就是自我构建的过程，是根据自我已有的经验和认知能力，加工处理外界信息从而不断构建自己知识体系、能力体系和道德体系的过程。这里面有三个关键词，即自我、构建和过程。

自我需要自主，具有不可替代性。自我有三层含义：一是学习必须变成学生自己的事情。如果学习是被动的，那么真正的学习就不会发生。学习是学生的天性，教育就是要真正维护学生的天性。二是学习必须发生在学生身上。家长和教师不可能代替学生去学习，我们的根本任务就是激发和保护学生的好奇心和求知欲，任何替代都不可能让学习真正发生。三是学习必须按照学生的方式进行,也就是说,我们不能千篇一律地去满堂灌地进行讲解,也不能专门去研究"教法",而应该重点去研究学生学习的"学法"。

构建就是根据自我已有的经验和认知能力,加工处理外界信息从而构建自己的知识体系、能力体系、道德体系的过程。如何理解构建呢?一是学生必须有一定的经验和认知能力,所以,不同经验和不同认知能力的学生的构建能力也不同,教学必须首先弄清不同学生的不同基础。二是不同经验和不同认知能力的学生,对相同信息的需要也不同,这就好比打麻将,手里的牌不同,要想"和"就必须把牌弄"上停",那么打的过程就是"上停"的过程,对于同一张牌,不同的人就有不同的用处。三是学生构建的是一种体系,教师的作用就是要从整体上去研究知识体系、能力体系和道德体系。

过程就是要让学生亲身去体验。学生只有在过程中才能获得体验,也只有在过程中才能生成有价值的东西。所以,在教学过程中就应该把握这样几个问题。一是解放学生,即放手。解放的前提是相信学生。教师不放手,满堂灌,学生的自主学习就不可能发生。二是要真正利用学生。我们目前提倡的"预习—展示—反馈"的学习流程就是给学生自主合作探究搭建了一个重要的平台。三是要充分利用好科学实验和多媒体等现代化的教学手段,让学生在过程中真正体验。现在有许多学校把一些优质的教育资源闲置起来,甚至一些科学实验也不做,怕耽误教学进度,这种做法是不可取的。

明确了学习就是学生的自我构建过程,也就明确了教师在学生自我构建中的作用。一是激发和保护学生的好奇心和展示欲,让学生感觉学习很快乐。二是指导学生不断掌握"学法"即构建方法。三是用学科思想、学科观念、学科方法、学科要素搭建体系框架,也就是教师应该把学科体系、能力体系、道德体系的框架建立起来。四是整合那些学生构建过程中所需要的信息和基本条件。教师的作用就是点燃学生的激情,点拨学习方法与知识难点,搭建体系基本框架,整合并提供学习信息。

教的无奈　学的神奇

　　我们一直以为，学生的学必须依靠教师的教，所以就一直在研究知识，一直在研究如何教。教师如何把知识研究透，如何把知识讲清楚，让学生学会。这样的理念长期统治和禁锢着我们。但现实告诉我们，一些成绩好的学生，大概教师不教也能够学会，而那些基础差的学生教他也是学不会。一些重点学校就是靠好学苗考出了好成绩，然后就向社会宣扬自己学校教学质量如何如何高。其实，那些好学生在哪个学校都能考好，而那些一般的学生，在这样的学校就更不被关注了。传统的以教为中心的教育已经被推到了极致，这种方法带来了许多弊端：学生严重厌学，教师严重厌教。专门关注升学有望的学生的所谓的精英教育，让大多数学生在学校得不到应该得到的东西，知识没有学会，更不用说健全人格的构建和优秀品质的培养了。所以传统的以教为中心的教育方式已经是黔驴技穷、穷途末路了。

　　但是，我们一些人仍然在研究如何教得有效，特别是一些有影响力的专家，他们总是在如何教的框架内进行思考，即便一些思想观念有所突破的人，开始研究如何学，但仍然没有跳出传统教的框架，他们是在教的框架内研究如何学，这样，教育教学方式就没有很大的突破。究其原因，是我们仍然还在坚持以教为本。以教为本的思想根源就是以师为本，这种教育观念夸大了教师的作用，忽视了学生学的主观能动性，即夸大了教的作用。因而，我们的研究就不会有突破，我们的实践就不会有提升。

如果转换一个角度进行思考和研究，那将是一片新的天地。把以教为中心变成以学为中心，其实质就是把以师为本变成以生为本，即教师的教是为了学生的学服务的，坚持以学定教，以学评教，以学促教。这样一来，课堂教学结构就实现了战略性的调整，即变革教与学的关系，由多教少学变成多学少教；由先教后学变成先学后教；由教师唱独角戏变成教师指导下的大合唱；由教师讲学生听变成学生也讲，教师也听；由知识本位变成能力本位。这就需要我们探索一种新的教学模式，把这些教育观念真正变成一种教育行为。现在全国有许多地方和学校都进行了有益的探索，我们应该学习、研究和借鉴。

也许有的人要问，教不能解决问题，那么学就那么神奇吗？是的，就那么神奇。现在有许多学校围绕学的规律进行探讨，找到了课堂教学的三环，即预习、展示、反馈。首先让学生根据导学案进行预习，然后把学习成果展示出来，最后围绕问题组织反馈。这种教学模式的最大特点是通过展示挖掘了学生的好奇心、展示欲、认同感，发动了学生学习的内驱力。在展示中暴露问题，生成能力，收获情感，赢得尊重，体验成功。而这些东西在以教为中心的模式下是很难实现的，所以观念一变天地宽，转过身，我们将赢得一个新的世界。

自主才能高效

每到星期天,我都要和一位教高中数学的老师在一起聊一聊教育的话题,他是省内一个很有名的全国高中特级教师,在重点高中做实验班的班主任。我们经常谈数学教学和班级管理工作的体会。他告诉我,学校一个年级有两个实验班,他这个班的任课教师不是全校每个学科最强的教师,甚至比那个实验班的教师还要弱一些,学校的安排有点不合理。我说,那也许是学校领导特别信任你,认为你做班主任能够带动学科教师,所以领导放心。他说也许是吧。

我问:"你们班的成绩如何呢?是不是比那个实验班成绩差呢?"他说:"成绩不错。"我说:"那是为什么呢?教师不是最好的,但成绩还是最好的。"他说:"当然是与我有关系啊。"我问:"你能够辅导其他学科吗?"他说:"当然不能,我只是通过班级管理,真正调动了学生自主学习的积极性。"我说:"学生自主学习的积极性调动起来了,学生真正做到自主学习,是不是教师差一些也能够有好成绩呢?"他说:"是这样。"

从我们的对话中就可以知道,调动学生的学习积极性,让学生真正实现自主学习,才是学生取得好成绩的关键。换句话说,学生的学比教师的教更重要。所以我一直认为,想学习是第一学习力,自主学习才是真正的会学习,会学习才能真正高效。如果学生学习的积极性没有被调动起来,教师讲得再好也没有好的效果。只有自主学习,学习才能真正发生，才能真正按照学生自己的方式进行自我构建。

　　在教学实践中这样的例子很多，知识水平高的教师不一定教出成绩好的学生，知识水平一般的教师也不一定教不出成绩好的学生，关键就是学生自主学习能力是否真正发挥出来。所以，我们就应该对好教师有一个重新的认识。什么是好教师，是不是知识水平高的教师就一定是好教师？现实告诉我们，答案是否定的。应该是能够让学生学会、会学、乐学的教师是好教师，所以教师的主要职责就是点燃与点拨，点燃就是点燃学习的激情，让学生有强烈的学习欲望，点拨就是教会学生学习即自主学习。

　　所以，教师必须进行角色的转变，由原来的知识传授者变成学生学习的服务者，让学习变成学生自己的事情，让学习真正发生在学生身上，让学习按照学生自己的方式进行，这样才能真正实现高效。

"我要学"是第一学习力

有这样一位老同志,他很喜欢乐器,他的笛子和二胡都玩得很棒。如果你不了解他的历史,你一定以为他受过这方面的专门训练,专门学习过这些乐器。其实,在音乐方面他根本就没有进正规的学校学习过,只是在实践过程中和一些乐器爱好者学习过一些基本知识,应该说主要是自己学习的。他回忆自己的学习过程时说,小时候自己特别喜欢乐器,特别羡慕那些会吹打弹拉的人,但那个时候自己买不起笛子和二胡,就自己用竹竿和马尾巴的鬃毛做笛子和二胡,天天自己琢磨,偶尔也偷偷地和别人学习,现在自己对笛子和二胡也算玩得不错。他说,现在有些家长不顾孩子是否喜欢,花很多钱去参加乐器学习班,结果有许多孩子学无所成。

我们经常说兴趣是最好的老师,只要你喜欢学,你就会把学习当成乐趣而不当成负担。想学就是乐学,只有乐学才能会学,只有会学才能真正学会。乐学是动力,会学是方法,学会是目的。教育首先应该在尊重学生天性的基础上,保护学生的学习积极性,发现、培养学生的学习兴趣,真正实现由"要我学"向"我要学"的转变。

学习是孩子的天性。每个学生都是天生的学习者,从一出生就开始自觉不自觉地进行学习,教育的过程一定要不断保护学生的这种天性。在现实的教育实践中,你可以发现这样的现象:从幼儿园到高中,孩子们发言的积极性越来越差。当然这与学生的年龄变化有关，但一个根本的原因就是教学过程中没有真正地保护好学生发言的积极性。教师为了完成教学任务，总是让那些成绩好的学生发言，偶尔有一些成绩一般的同学发言，也得不到教师的鼓励，有时甚至是批评，结果就极大地挫伤了大部分学生的学习积极性。表面看是没有发言积极性，其实质是学生的学习积极性不断减弱，自信心不断减弱，所以保护好学生的学习积极性是我们教育的首要责任。

孩子们除了有对科学探索的共同好奇心以外，还会有一些个性化的爱好，这些个性化的爱好不可能千篇一律。家长和教师要善于发现孩子的个性爱好，发现就是最大的尊重，千万不能把自己的爱好强加给学生。有许多家长和教师不顾孩子自身的兴趣，强迫孩子去学习许多自己不喜欢的东西，结果造成学生厌学，增加了孩子的负担，结果往往是事倍功半，得不偿失，所以，教育必须发现孩子的兴趣。

培养和激发学生的学习兴趣比教给学生现成的知识要重要得多。培养学生学习兴趣的方法和手段很多，有许多共性的方法，也有许多根据不同学生的特点设计的个性化的方法，但有一个根本的东西我们不能放弃，那就是要靠科学本身的魅力去吸引学生。科学的魅力就是能够让学习者在探究学习的过程中发现真善美，不但让学习者掌握规律，还能不断地陶冶情操，完善自身的人格。教师引导和帮助学生不断发现科学魅力的同时就是不断激发学生学习兴趣的过程，这是培养学生学习兴趣的最根本的"道"。当然我们也不能否定其他一些人性化的方法，我们在教育实践中也需要道术结合的办法激发和培养学生学习兴趣。

每个学生身上都有的潜能我们就要不断地保护和激发，个别学生身上有的潜能就去发现和培养。保护、激发和培养学生的学习天性是教育的首要责任，教育的过程就是不断地把"要我学"变成"我要学"，而不是强迫学生学习，把学习当作痛苦的任务去完成。我们必须把"我要学"当作第一学习力去培养和开发，这样学习才能真正有效果。

在人性中寻找孩子学习的不竭动力

在进行新课改的过程中,教师们提出许多问题。其中,提的最多的就是孩子们不愿意学习怎么办?我告诉他们,课改最重要的就是要解决学生厌学的问题,而解决厌学问题的关键就是找到学生学习的不竭动力。

孩子们不愿意学习是因为学不会,学不会的原因是没有学习动力和科学的学习方法。有了动力,就会去探索方法,或者说动力比方法还重要。所以,我们探讨的问题是,到哪里去寻找孩子们的学习动力?孩子们的学习动力究竟是什么?用什么样的方法激发孩子们心中已经沉睡的动力?

关于学习动力问题,我们提倡的高效课堂有了很大的突破,而传统课堂并没有解决真正的动力问题。这并不是说传统课堂中的学生学习没有动力,打个比方,传统课堂学生学习的动力是胡萝卜加大棒,胡萝卜就是升学,大棒就是家长、社会和教师的压力,这些动力都是来源于学生外部的,学生学习基本是被动的。为了让孩子们好好学习,我们一直在讲,书中自有黄金屋,书中自有颜如玉,书山有路勤为径,学海无涯苦作舟……一直在提倡什么悬梁刺股、凿壁偷光等让孩子们苦学。结果呢,就出现了两种结果,一种是80%的孩子感觉得不到胡萝卜而放弃学习,甚至辍学;另一种是20%的学生得到胡萝卜后就认为"革命"到了头，到了大学彻底放松了，或者还想出国就继续苦学，追求新的胡萝卜。这种模式下培养出的学生鲜有创新能力，这也就可以佐证为什么我们没有培养出大批的创新型人才。

所以，要想让孩子们学得快乐、学得高效、全体发展、全面发展，光靠树立远大的理想不能解决所有孩子的动力问题。到哪里去寻找孩子们永不枯竭的学习动力呢？必须到人性中去寻找内动力。孩子们的好奇心、自尊心、认同心、表现欲、荣誉感就是孩子们学习的真正的直接的永不枯竭的动力，当然这不是反对德育中的理想前途教育，那是孩子们形成世界观价值观后的动力核心。

用什么方法和模式来激发孩子们的动力呢？杜郎口中学的实践告诉了我们答案。他们的"预习—展示—反馈"的学习模式解决了这个问题。孩子们为了在课堂上展示自我，为了同学和老师对自己的认同，为了小组能够取得荣誉，会不断加强自主学习，而自主学习后的良好效果又增强了他们的自信心，这样就形成了良性循环，达到了高效的目的，同时也培养了孩子们的学习能力、优秀品质和健全人格。

所以我的结论是，只有激发孩子们的好奇心、自尊心、认同心、表现欲和荣誉感，才能真正解决孩子们学习的不竭动力，倘若再找到一种让孩子们生命狂欢的方法，课改必能成功。凡事只要顺应人性，一切都会变得简单。

"利用" VS "依靠"

高效课堂有十六字箴言：相信学生，解放学生，利用学生，发展学生。我把"利用学生"看作高效课堂的最核心技术。有许多人说，"利用"这个词不好，应该改成"依靠"，他们认为"利用"这个词是个贬义词。我不同意这个说法，原因很简单：第一，"利用"这个词本身也不是什么贬义词；第二，"利用"和"依靠"在这里含义有很大的区别。

利用学生，是谁利用学生？当然是教师。依靠学生，是谁依靠学生？当然也是教师。为什么不能把"利用"改成"依靠"呢？如果把"利用"改成"依靠"，其实就弱化或者否定了教师在课堂上的主导作用。"利用"这个词有两个最基本的含义，一是强调了学生在课堂上的主体地位，二是强调了教师在课堂上的主导作用。如果不是利用，而是依靠，那么我们的教育还要教师做什么？还要学校做什么？

既然说"利用学生"就是高效课堂的核心技术，那么，我们就需要明确这样几个问题：第一，既然是教师利用学生，那么什么样的教师，才能利用好学生？第二，利用学生什么？学生有什么可以利用的？第三，如何利用学生？这三个问题是我们能否利用好学生的关键。

什么样的教师才能够利用好学生？我认为教师必须把握学生身心发展的规律、学生的认知规律、学生学习的规律、知识发展的逻辑规律，只有对这些专业知识把握了，才能够真正点燃学生的学习激情，才能够在关键的时候对学生进行点拨。

利用学生什么？我们过去是把教师看成了课堂教学的最大资源，而没有把学生看作课堂教学的资源，所以传统教学就是教师讲、学生听，学生和学生之间没有合作与探究，学生的学习基本上是被动接受的。现在我们要把以教为本，转变成以学为本，就要利用学生的好奇心、表现欲、认同心和荣誉感，如果把儿童的这些天性利用起来了，我们的课堂就会让学生真正成为课堂的主人，也就确定了学生的课堂主体地位。

用什么样的手段利用学生呢？等我们将"把学生看作课堂教学的最大资源"的观念真正确定之后，如何利用就是属于一般的技术范畴了，这里面包含着教师许多个性化的因素。现在，全国许多学校都进行了有益的探索，其中，"预习—展示—反馈"这样的教学流程，是以导学案为抓手，以展示为动力，以小组合作学习为主要组织形式，以课堂反馈为检验手段的一种新的教学模式，这个模式本身就承载了"利用学生"的思想，应该说这种模式收到了良好的效果。

"利用学生"，不仅体现了一种教学理念，更体现了一种高效课堂的核心技术。只有深刻理解它的含义，我们才能够正确处理好课改过程中的主导与主体之间的关系，才能做到不顾此失彼。如果把"利用"学生改成"依靠"学生，就容易从强调教师走到了强调学生的另一个极端，这在理念上是错误的，在实践上是有害的。

第六章
赢得教师就赢得教育

要想捞出油锅里的孩子,首先必须唤醒主宰教育命运的教师,坚定教师的教育信仰,转变教师的教育观念,提高教师的教育技术。我们现在必须展开一场教师的自救运动,只有教师解除了煎熬,学生才能得救。一方面从油锅里捞孩子,一方面从温水中捞教师,这样教育改革才能有希望,教育才能真正发展。

课改必须发生在教师身上

我们讲学生学习经常说这样三句话：学习要变成学生自己的事情，学习要发生在学生身上，学习要按照学生的方式进行。这三句话也可以理解为，学习是学生的天性，是学生自己的事情，教师的作用就是要进一步激发学生的学习动力和兴趣。学习既然是学生自己的事情，就不需要教师包办代替，必须真正发生在学生身上，那么，学习就是要按照学生自己的方式去构建自己的知识结构和能力结构。

当前进行的课堂教学改革，设计者和领导者花了很大的力气，效果却不好，其根本原因就是没有认识到教师的主动性和积极性，或者换句话说，当课改没有真正发生在教师身上时，课改就一定没有好的效果。所以这三句话也可以用在课改的教师身上。

课改必须成为教师自己的事情。教师的职责是教书育人。每个有良心有责任心的教师，都想让自己的学生成人。只不过我们用一种已经习惯的且存有许多弊端的方法进行教育教学，而许多人认为，这种方法不但习惯而且有效。不可否认，传统的方法虽然没有培养出学生的能力，但在抓升学率上是有一定效果的，所以，教师观念难以转变。如果我们硬性要求教师使用新的方法，就像传统课堂的学生被动学习一样，效果一定不好。如何让课改成为教师自己的事情，是推动课改的关键。为此，课改人一是要认真剖析传统课堂的种种弊端，让教师有一种与传统课堂告别的愿望；二是要转变教师的教学观念；三是要传授给教师高效课堂的核心技术；四是要让一部分教师先做起来，让其他教师眼前有样板。这样教师自己发自内心地想改了，改革就有了基础。

课改必须发生在教师身上。既然课改是教师自己的事情，那么作为局长、校长就必须提倡各种行之有效的方法，让课改工作真正发生在教师身上。如果课改不能真正发生在教师的身上，即便隔三差五请专家做讲座，局长、校长整天讲也无济于事。所以，我们必须让教师先去做，在转变观念的基础上进行课堂实践。那么领导者的作用是什么？当然和高效课堂的教师一样，就是点燃与点拨。教师课改的激情被点燃之后，学校要制订课堂评价的标准，用标准引领教师的课堂实践。在实践过程中，教师一定有许多不能破解的问题，领导就要组织教师进行研究探讨，在关键的时候，给予点拨，而不能包办代替。

课改必须按照教师的方式进行。课改实际上不但是对教师良心和责任的考验，更是对教师能力和智慧的考验。新课堂对教师提出了新要求，那么，新的课堂就是教师成为新教师的土壤和平台。教师也和学生一样存在着一定的差异性，如果千篇一律地都要求达到什么程度也是不现实的。那么，新课堂确定标准和基本流程之后，每个教师就要根据自身的特点和实际，在实践中构建自己的观念框架，行动模式框架，知识体系框架，驾驭高效课堂的能力框架。这些框架的形成，不但需要时间和过程，而且在形成的过程中会呈现出自己的特点，我们必须尊重差异，尊重个性，让教师按照自己的方式逐渐地构建自己的框架，而不是把许多问题规定得又死又细。如果都是死东西，我们走的就会是一种教条的模式化轨道，那样课堂教学改革就会误入歧途。

课改成败的关键在教师，课改行为只有真正变成了教师自己的事情，真正发生在教师身上，真正按照教师自己的方式进行，课改才能成功。只有真正唤醒教师的课改责任，点燃教师的课改激情，引导教师学会课改技术，搭建教师的课改实践平台，课改才能在正确的轨道上健康发展。

唤醒温水中的教师

　　李炳亭先生有一句振聋发聩的话："课改就是从油锅里捞孩子。"这句话充分表达了他对传统教育的痛恨和构建现代课堂的迫切心情。这句话唤醒了一些有责任有良知的教师，他们正在拼命地捞油锅里的孩子。但也有相当一部分老师还没有觉醒，所以我们的课堂教学改革任务相当艰巨。我总在追问这样的问题：我们是不是真正看到了孩子在油锅中煎熬？谁去捞油锅里的孩子？捞孩子的人究竟在哪？为什么不去捞油锅里的孩子？怎么去捞？

　　孩子真的在油锅里了吗？传统教育的模式就是以师为本、以教为本，基本方式就是教师讲、学生听，这种教育方式是不符合人性的，它违背了学生身心发展规律。这种教育在某种程度上来说，不是发展儿童，而是扼杀儿童的天性，根本解决不了全体学生全面发展的问题。学生的天性一旦被扼杀，教育就变成了专门与儿童天性作对的反人性的活动了。所以，孩子们厌学、辍学、早恋、违纪等问题一一出现，孩子们在传统的课堂上没有办法得到他们想要的东西，他们就和教育作对，同时也在教育的油锅里挣扎。如果看不到传统教育给儿童带来的伤害，我们就不认为孩子们是在油锅里挣扎，也就没有改革的紧迫感和责任感。所以认清传统教育对儿童的伤害，是"从油锅里捞孩子"的前提。

　　孩子在油锅里，谁去捞？捞孩子的人在哪？捞孩子当然只能由教师来捞，教师不去捞，孩子们就会被烧焦的。那么，为什么很多教师不能急切地去捞孩子呢？他们在哪里呢？我说，他们在传统教育模式下的温水池里。为什么这样说呢？传统教育最简单，教师讲、学生听。传统教育最省力，只抓少数学生的分数，不用追求也没有办法追求全体学生的全面发展。传统教育最能让无能的教师受益，只要你表演得好，不论学生会不会，你的课就是好课，以至于学生会不会那是学生的问题。绝大多数教师已经习惯于传统教育的思维方式和行为方式，所以躺在传统教育的温水池中特别舒服。大部分学生还在油锅里煎熬，等着教师去捞。而我们的大部分教师在传统教育的温水池中，躺得很舒服，不愿意出来，教师不跳出来，孩子一旦烧焦了就不能挽救了。

问题的关键是让教师立即觉醒，跳出温水池去救油锅里的孩子。油锅里的孩子能否被捞出来，取决于这样几个条件：一是救孩子的教师是不是想放弃自己舒服的环境愿意去救孩子，这就是教育信仰问题了。教师如果有对学生终身发展负责的教育信仰，就不会眼看着孩子被油锅烧焦的。只要他认识到了传统教育的危害，他就会马上选择与传统教育决裂。二是教师能不能跳出这个温水池。能不能跳出来首先取决于想不想跳，其次取决于时机。现在许多教师虽然躺在温水池中，但其实是躺在不断加热的容器里，就像温水煮青蛙一样，不断加热，开始很舒服，等到温度高的时候，想跳也跳不出来。教师被煮熟了，跳不出来，孩子自然也就被烧焦了，中国教育就没有希望了。三是教师跳出来后，有没有捞孩子的技术。想跳取决于教育信仰，能否跳出取决于教育观念，能不能捞孩子取决于有没有新的教育技术，如果不掌握"以学为本，利用学生"的高效课堂的核心技术，我们也不可能挽救我们油锅里的孩子。

现在的教育现状是，孩子们在油锅里煎熬，教师在不断升温的温水中被煮。所以，要想捞出油锅里的孩子，首先必须唤醒主宰教育命运的教师，坚定教师的教育信仰，转变教师的教育观念，提高教师的教育技术。我们现在必须展开一场教师的自救运动，只有教师解除了煎熬，学生才能得救。一方面从油锅里捞孩子，一方面从温水中捞教师，这样教育改革才能有希望，教育才能真正发展。

教师的课改动力究竟在哪里

传统教育由于受功利主义的驱使，已经远离了为了一切学生健康发展的教育本真，而去追求功利的最大化，害了孩子，也害了老师。孩子就像在油锅里一样备受煎熬，教师也失去了职业幸福感，产生了职业倦怠感。为了让孩子不受煎熬，为了教师的幸福，我们就应该选择改革。

既然课改能让学生快乐，也能够让教师幸福，那么，课改为什么进行得还这么难呢？让孩子快乐，人们不难理解，绝大多数教师是认可的，可是说能够让教师幸福，大多数教师也许就不认可了。教师能够从课改中找到什么幸福？怎么能够找到幸福？这是多数教师心中的疑问。有的教师说，搞课改太累了，你看杜郎口的教师，走路都一路小跑，多累啊。再说，工作量大了，待遇也不提高，我们没有必要受那个累，传统教学是有许多弊端，但教师还是最省事的，教师拿着书本就上课，我们现在还要编制导学案，太累了，改革不如传统课堂舒服呢！所以，课堂教学改革如果教师没有积极性，那么改革就不可能成功。

也许有人说，教师缺乏教育信仰，所以没有动力；也有人说，教师缺乏责任感，所以没有动力。但教师也会说，教育的行业比起其他的行业已经不错了，他们有什么信仰？他们就比我们有责任有激情吗？我们也是普通人，为什么要求我们有信仰？我们没有那么高尚，我们就想过普通人的幸福生活。

这些话代表着大多数教师的想法，我想，假如通过课改能够让教师真正过上幸福的教育生活，那教师一定会改，而且可能还愿意主动地改，那么教师课改的动力究竟在哪里？我们不应该高谈阔论，首先应该把大多数教师看成普通的人。当然也有许多不普通的教师正在引领着新课改，关键在于课改是全体教师的事情，不是一些精英教师的事情。如何让普通教师过上幸福的教育生活，让教师在课改中找到职业幸福，其实就是寻找教师的课改真正动力。

教师的幸福和什么有关系呢？这是个最根本的问题。教师究竟想要什么呢？他要的东西在课改中能够找到吗？我认为教师的幸福和钱没有太大的关系。我们工资很低的时候，也有许多教师很有幸福感，现在工资比以前多了很多，但为什么还没有幸福感了呢？或者说即便工资再多点，你就有职业幸福感了吗？肯定不是。是和工作量有关系吗？有一些教师的工作量并不是很大，那为什么还是没有职业幸福感呢？假如把你的工作量再减一些，你就有幸福感了吗？是和工作环境有关系吗？原来的工作环境很不好，现在办学条件和过去相比，已经是天壤之别，为什么还没有职业幸福感呢？假如条件再继续改善，我们就有幸福感了吗？是和学苗有关系吗？有人说农村的学苗太差了，那么北京、上海等大城市的教师就幸福了吗？那什么与教师的幸福有关系呢？

马斯洛的需要层次理论，提出人有五个层次的需要：（1）生理需要，即物质需求；（2）安全需要；（3）归属和爱的需要（社交需要）；（4）尊重需要；（5）自我实现的需要。教师的前两个需求，或者说前三个需求基本满足了，那目前最重要的需求就是尊重的需求和自我实现的需求。对于教师，什么是尊重的需要和自我实现的需要呢？对教师的尊重，包括学生、同事、家长和社会对他的尊重，而这些尊重当中，最基本的尊重来源于学生,如果学生尊重老师了,大概也就赢得了其他各方面的尊重。那么,现在有多少教师能够真正得到学生的尊重呢?学习好的学生恨教师对他们太狠,认为学习好是因为自己聪明,他们从心里不感谢教师,因为教师平时也没有多少精力去关心他们的精神成长;学习不好的学生,认为没有得到教师的关注,所以也不热爱自己的教师。多数教师没有得到大多数学生的尊重,当然也就得不到其他方面的尊重,教师尊重的需要就难以满足。教师的自我价值在哪里?在于每天能够从事创造性的劳动,在于看到学生快乐成长与进步,在于和谐的师生关系,在于自己的学生走向社会后的真正成功。这些我们教师得到了吗?应该说许多教师没有得到,那么教师的自我价值就没有真正实现,尊重与自我实现的需求没有得到真正满足,教师的职业幸福感能不缺失吗?

如果通过课堂教学改革能够解决教师尊重的需要和自我实现的需要,我们的教师就一定会积极地去改。因为改革不仅为了学生的生命发展,也为了自己的幸福。那么,我们目前提倡的这种课堂模式是否能够解决教师的两个需要呢?只要我们走进那些课改名校,就会发现那里的教师虽然很累,但很幸福。我们一旦构建了以学为中心的课堂模式,教师的劳动就变成了创造性的劳动,课堂就会生成许多我们没有办法预设的问题。学生快乐成长,教师和同学的关系变得更加和谐,全体学生的全面发展的目标逐渐实现,我们教师能不受尊重吗?我们教师的人生价值能不在学生的成长与发展中得到实现吗?

你也许会说,没有那么神奇吧?我们不相信课改能够改变教师的生存状态。那就让事实去说话吧,你可以去课改名校感受一下,更重要的是你要亲自参加课改并在实践中去体会。如果你走进课改,你才真正知道,自己的教育人生又重新开始了,幸福就在这里等着你呢。

"教"是"学"的最重要条件

打造高效课堂,要求转变三大观念:变师为本为生为本,变教为本为学为本,变知识为本为素质为本。这三个方面是有内在联系的,也就是说,如果你坚持以师为本,你就必然要坚持以教为本,如果你坚持以教为本,那么你只能以知识为本,因为教不可能解决学生的全面发展问题。这三个观念能否转变决定着课改能否成功。

为什么要坚持以生为本呢?教育的终极目的是让每个学生都得到全面发展,而不是让教师成为表演的专家。教师教得再好,如果学生没有学会、会学、乐学,或者说通过我们的教育,学生不能够掌握知识,提高素质,形成优秀品质和健全人格,那么,我们的工作还有什么现实意义?如果目的没有达到,教师的人生价值又如何体现呢?所以,在教育发展过程中的诸多矛盾中,生与师之间的矛盾是教育发展的主要矛盾,而生又是矛盾的主要方面。从矛盾论的角度讲,学生是主体,教师是主导是科学的。

师与生之间的矛盾在整个教育教学过程中表现为教与学之间的矛盾。学是内因,教是外因。教的作用不论多大,它都必须通过学生自身的感觉、感知和感悟最后内化成自己的东西。如果内因不起作用,外因的力量再强大也不可能让学生掌握知识、提高素质,形成优秀品质和健全人格。所以,教师的作用就是帮助学生得到他应该得到的东西。学生在学习过程中有许多外部条件,即外因,但教师的教是最重要的外因,外因通过内因起作用,那么,我们就必须让学习变成学生自己的事情。教师不能包办学生的学习;学习必须发生在学生身上,不是教师讲了学生就一定会了;学习必须按照学生的方式进行,学习不但要遵循知识发展的逻辑规律,还要遵循学生的认知规律,而不能用我们成年人的思维方式去教育学生。一句话,教是学的条件,并且是重要条件。

如果我们把教定位为学的重要条件,我们就应该知道教师应该做什么了。一切的教必须服从服务于学生的学,教师的任务其实就两点:一是点燃学生的正确需要,让学生对学习有一种迫切需要,教学艺术最重要的应该体现在点燃方面;二是当他需要的时候,你有能力给他,这就需要教师不但要组织学生进行学习,还要有能力点拨学生。

明确了教师的作用,就不应该犯两项错误:一是夸大教师的作用,认为学生的学完全依赖于教师的教,然后就霸占课堂,结果忽视了学生的内因,没有把学生当作教育的最大资源进行开发,更谈不到利用学生这个资源了;二是夸大学生的作用,淡化教师的主导作用,"利用学生"是高效课堂的核心技术,利用是教师主导下的利用,而不是完全放手给学生。所以,主导是为主体服务的,主导的作用再大也必须通过主体发挥作用,没有主导,学生的学习就失去了重要的条件。教是学生学的重要条件,或者说是最重要的条件,任何夸大教的作用和否定教的作用都是不科学的。主导和主体缺一不可,二者不可偏废。

教学"三法"

当你讲教育思想和教育观念的时候,一些人就会说,到现在为止我们的教育思想和教育观念没有发展和突破。现在大家说的这些,在古今中外教育家那里都有经典论述。当你讲教学模式的时候,一些人就会说教育教学面对活生生的孩子不能千篇一律,强调什么模式和什么方法,应该是教无定法。我承认教育思想和教育观念没有大的突破。但我认为,教育最缺的是两个方面,一个是敢于担当的责任意识,另一个就是教学模式,因为它还不能承载科学的教育思想和先进的教育理念。所以,当我们想做真教育的时候,方法和途径就是教育发展的瓶颈因素了。

教学有法,教无定法,贵在得法。何为法?完成教育教学目标你用的是什么方法?我们提倡的目标是三维目标:知识与技能,过程与方法,情感态度价值观。什么方法让学生在课堂上掌握知识与技能,在过程中掌握方法,如何通过课堂教学培养学生正确的情感、科学的态度、积极的人生价值观?新课改有六字箴言即自主、合作、探究。

法从何来?符合知识发展的逻辑规律,符合学生身心发展规律,符合学生认知规律的方法就是科学的方法。法从道生,法即方法,道即规律。不得道就不可能得法。道法合一,方能游刃有余。自主、合作、探究是一种学习方式,这种学习方式是符合教育教学规律的,关键是用什么具体的操作方法才能真正体现自主、合作、探究。光讲思想和观念不行，没有思想和理念去研究行动模式更是体不附魂。所以，我们探索的就是符合道的法。

教学有法，就是教学首先要有一种符合教育规律的一般法则，这个法则具有普遍意义。教无定法，就是说面对不同的教育对象和不同的教育条件，我们应该结合具体实际，不能盲目照抄照搬，要有个性化的东西。贵在得法，就是说通过我们的教育教学实际，能够把普遍的规律与个人的实践与风格结合起来，完成共性与个性的有机结合，形成既符合普遍规律又具有个性化特征的教学方法和风格。三个层次遵循一般—特殊——般的过程，是一种从低级到高级的发展过程。

目前的教学方法大多数还停留在教师讲学生听的层面上。这种简单僵化的教学方法，能不能完成三维目标？是否真正体现自主—合作—探究的教学方法？当然不能。所以，改革我们的教学方法，寻找能够承载教学思想和观念的方法，就是目前课堂教学改革的基本目标。

一个科学的教学方法应该包含三层含义：第一，这个教学方法中承载的教学观念是什么，观念是教学方法的灵魂；第二，这种方法的流程是什么，流程就是过程和形式，流程是方法的外在体现，没有过程和形式就没有办法承载科学的思想和观念，所以，在某种程度上说流程就是生产力；第三，这个过程的关键环节是什么，比如我们现在提倡的导学案编制与使用、小组建设、课堂评价等等都是关键的环节，关键环节是流程的重要支撑。

教学就是教育工作者用自己的人格魅力,通过一种有魅力的方法,把学科魅力展示出来,通过教学过程把学生培养成为具有人格魅力的人才。

"少讲"并非是弱化教师的作用

现在推行的高效课堂模式，提倡预习—展示—反馈的基本流程。它的基本要素就是编制导学案，利用小组实现自主、合作、探究以及课堂评价与课堂检测。从课堂表象上看，它与传统课堂的最大区别就是教师少讲而学生多学，但其问题并不是这么简单，一些人惊慌失措地大喊教师不讲了，学生能学会吗？我们讲还有许多学生都不会，如果学生能学会，还到学校干什么？这种弱化教师作用的改革是反科学的，甚至干脆就说，这些搞改革的人不懂教育。所以，当前课改争论最多的就是讲与不讲，说到底还是教师的角色定位问题。少讲不是弱化教师的作用，而是通过教师观念的更新和角色的转变，强化教师的主导作用，通过教师的主导作用，真正发挥学生的主体作用。

真正的课改一线教师这样说："我们都有这样的感受，现在比过去忙多了，也累多了，但比原来开心多了，也幸福多了。因为课堂的效率高了，学生真正成长了，我们自己也发展了。"教师为什么累了呢？教师们说："传统的以教为主的灌输式教学方法最简单，也最省力。备课用不着费很大的功夫和气力，时间和空间都被教师主宰着，课堂上不可能生出教师也不会的新问题，所以，传统课堂教师不是累，而是无聊，是无奈，没有幸福感。现在呢，教师要用很长的时间做很多事情，这些事情不是在课堂上，而是在课下。比如编制导学案，要想让导学案真正成为学生学习的方向盘、线路图和导航仪，教师就要考虑学生的认知规律和不同学生的基础差异（备学生），知识自身发展的逻辑规律和知识的结构和要点（备知识），考虑怎样让导学案在课堂上发挥最大的效益（备教法和学法），就要思考课堂上可能生成的问题（备生成），还要思考如何构建小组文化和课堂评价。教师的功夫不是在课上而是在课下，教师能不累吗？"

教师比原来累了，但为什么还感觉开心和幸福了呢？把时间和空间交给学生，课堂上就会生成许多新的知识点，就会碰撞出许多思想的火花，教师每天都看到自己的学生在成长，自己也在成长，真正实现了教学相长，教师在成就学生的同时也成就了自我。所以，课改不是弱化了教师的作用，而是实现了华丽的转身，由教得痛苦与无奈，简单与机械，变成了教师指导下的学得开心与快乐，丰富而神奇。

新课改提倡构建以学为中心的课堂模式，其基本前提是实现教师观念的更新，在观念更新的基础上，真正转变教师的角色，教师的角色由原来的课堂主宰者，变成了学生学习的导师和服务者。当前必须把转变教师观念，转变教师角色和掌握高效课堂核心技术作为教师培训的主要任务。讲与不讲是现象，教师观念和角色的转变才是实质。如果角色不变，教师干脆不讲，那么就从过分依赖教，走向了它的反面，变成了放任自流的无序的学。

高效课堂教师究竟应该做什么

用一句话概括教师的任务就是让学生学会。当然这学会包括学会知识、学会做人、学会合作、学会创造。如何让学生学会，教师应该做什么？建设高效课堂，提倡发动学生学习，教师少讲，把课堂还给学生，结果就出现了讲与不讲的争论，而且还争论不休。从表面看是讲与不讲，其实质还是教育观念的问题。如果教师能通过讲让学生学会，那也就没有必要讨论讲不讲。关键是讲已经不能解决问题，已经达不到我们的目标。那么怎样在教师少讲的情况下实现教师的主导作用？

教师要点燃学生的学习激情。学生只有真正有了学习激情，才能真正实现让学习发生在学生身上，才能真正做到由要我学变成我要学。我们教师的首要任务就是想方设法点燃学生的学习激情，激情如何点燃，这是教师个人素质和教育艺术的问题。没有千篇一律的方法，但总的原则就是用真情点燃激情，用创设情境的方法点燃激情。

教师要教会学生如何学习。学生厌学的根本原因就是学不会，学不会的根本原因是不会学。教给学生学习方法是教师的根本任务。每个学科都有自己的特点和规律，作为教师必须让学生知道如何学习本学科，知道了学习方法，学生才能够自主学习，才会产生学习兴趣，学习才会高效。

教师要给学生搭建一个攀登的梯子。教师必须按照学生认知规律和知识本身发展的逻辑规律编制一个导学案,每个学生拿着这个导学案,在课堂上都能够获得自己需要的东西。导学案是学生登高的梯子,所以要设计好高度、坡度和跨度,导学案不是习题集,千万不能把导学案变成束缚学生学习的霸占课堂的新工具,由原来教师讲霸占课堂变成导学案霸占课堂。

教师点拨学生自主学习解决不了的问题。在课堂教学中,教师的任务是进行学情调查,教师必须知道学生在哪些方面不会,哪些是个性问题,哪些是共性问题,而后组织学生进行讨论。教师的任务是组织、引导、点拨。

教师要构建班级的学习小组和竞争文化。高效课堂必须以小组学习为组织形式,小组建设是高效课堂的核心词。包括如何分组,如何建设小组,如何建立小组竞争机制,如何构建小组文化。如果没有小组建设做保证,高效课堂就是一句空话。所以教师必须把这些事情设计好,实现民主管理班级的目标。

教师要科学整合教材。现在许多教师都是按照教科书和教学大纲的要求,亦步亦趋地讲,我认为,教材只是素材,教师必须根据学科思想、学科结构、学科内容、学科研究方法进行整合,可以打破学时,打破顺序进行教学,这样才能高效。

教师如果在高效课堂上做好了这六项工作,课堂就会高效。必须让教师知道究竟应该做什么,才能知道不做什么,课堂才能高效。

点燃与点拨是教师的基本任务

教育的目的就是让学生掌握知识，提高技能，形成优秀品质和健全人格。然而，当前的教育却没有真正完成自己的历史使命，这到底是为什么？其根本原因就是我们的教育实践没有真正顺应孩子的天性。

我们经常会对学生说，老师都是为了你好，你长大了就会明白了。让学生去做我们认为有用的事情，结果，孩子不仅不认为有用，甚至失去兴趣，我们做了许多工作却效果不好，于是我们或者去埋怨孩子不听话，或者埋怨孩子太笨。

教育的关键在教师，没有好教师就没有好教育，我们不能否定教师在教育中的重要作用。教师的教能不能代替学生的学呢？答案是否定的。教师在学生学习和发展中的作用究竟是什么呢？教师的重要作用之一就是激发儿童的正确的迫切需要。这句话有四个关键词，即激发、需要、正确、迫切。激发就是我们利用教育智慧和手段去唤醒孩子的内动力；需要就是让学生对我们想给予的东西产生需要；正确就是让学生知道自己应该要什么；迫切就是让学生产生马上就需要的心情。

教师是成年人，而学生是儿童，成年人和儿童当然有区别，区别在哪？儿童完全凭着自己的天性去做一些事情，没有目的，也没有自制力，也不完全知道该做什么，不应该做什么，什么时间去做什么……那么，教师的任务就是，明确学生应该做什么，什么时候去做，然后把这些东西通过教育智慧和教育手段变成儿童的内心需要，而且变成儿童的迫切需要，这就是教师的重要工作。

当我们把学生不需要的东西给予他，或者在他不需要的时候给予他，教育效果不可能好。但我们总是这样想，为什么学生就这样不懂事呢？明明是有用的东西为什么他就不去做呢？所以，我们就往往拿出教师的权威逼迫学生去做那些我们认为有用的事情，而且认为这就是爱。给予别人不需要的，或者在别人不需要的时候给予，这种给予没有实际价值。我们必须研究学生的天性，把我们的正确想法变成学生的迫切需要，然后利用学生的好奇心和表现欲的天性，发挥学生的主观能动性，让学习真正发生在学生身上。教师把学生的激情点燃以后，学生在学习的过程当中还会遇到一道道的坎儿，教师就要组织他们进行闯关。在闯关过程中，教师的作用有两点，一是组织攻关，二是点拨，而不是告诉学生现成的答案。所有的学习过程都必须按照儿童的方式进行，让学生真正体验学习的过程，教师切不可越俎代庖。

点燃与点拨是教师在教育过程中的两大作用，两者不可偏废。课堂教学改革能否成功关键在于教师是否具备这两大基本素质，传统课堂忽视了对学生学习激情的点燃，让学生被动学习，所以课堂低效现象屡见不鲜。在提倡高效课堂之后，许多教师又误认为，课堂是学生的，自己完全退到后台，课堂没有他们什么事情了。教师不去真正地钻研教材，在学生需要点拨的时候没有及时出现，那么课堂效果也不会太好。应该说，一个好教师，不但要知道学生需要什么，还要让学生产生需要的欲望和动力，更要能够在学生需要的时候有能力给予学生所需要的东西。

点燃和点拨是教师的基本任务。这就要求我们做到两个掌握，一是掌握学生，二是掌握知识。掌握学生就是点燃学生内心对自己成长最有用东西的迫切需要。掌握知识就是要把握自己学科的学习方法和研究方法，掌握自己学科的知识结构、主要思想观点和知识点。在学生需要的时候，进行必要的点拨，让学生闯过一个个知识和生活的难关，真正实现素质教育提出的三维目标。

新教师的新角色

教学资源的整合者

整合时间,整合空间,整合教材,整合学生。

整合时间:对于每节课,时间都是一样的,原来的教是教师讲学生听,不论学生什么层次,听的都是一样的内容,而高效课堂采取小组学习方式,学生只学那些自己不会的,而且是同时学习,这样,时间的利用率就提高了,等于延长了时间。

整合空间:我们把一个班级的学生分成若干小组,就等于把学生放在了不同的空间里,对空间进行分割,呈现没有围墙的几个小班,这样对空间的整合,等于把空间扩容了,提高了课堂效率。

整合教材:教材是国家给我们提供的教学原材料,需要教师对教材进行进一步整合,我们是用教材教,而不是教教材,要根据知识的逻辑规律和学生的认知规律对教材进行整合,打破顺序,打破学时的固定框架。

整合学生:学生是课堂教学的最大资源,要根据成绩、性别、性格等把学生按照同组异质、异组同质的基本原则对学生进行整合分组。

学生情感的点燃者

点燃激情，点燃自尊，点燃欲望，点燃好奇。

点燃激情：有激情才能主动去探索，才能有创造力，才能克服学习过程中的阻力，才能把学习变成学生自己的事情，所以点燃激情是教师的重要职责。

点燃自尊：每个学生都有很强烈的自尊心，教师要在教学过程中发现学生自尊心的外在表现，保护学生自尊心，让学生获得自尊。

点燃欲望：表现欲是人的天性，更是学生的天性，给学生提供展示平台是学生获得能力和自信心的重要途径。

点燃好奇：好奇心是儿童的重要天性，如果我们点燃了学生的好奇心，学习就会真正发生在学生身上，学习就会按照儿童的方式进行。

学生学习点拨者

点拨学法，点拨结构，点拨难点，点拨航向。

点拨学法：教为学服务，教是为了不教，每个学科都有自身的特点和规律，教师最重要的是教给学生本学科的学习方法。

点拨结构：只有掌握学科的知识结构，才能真正掌握知识和形成能力，教师要引导学生把知识的点、线、面连接起来，使知识形成相互关联的网状立体结构。

点拨难点：学生在自主合作探究过程中会有一些不能够解决的难点问题，这就需要教师通过精讲的方式进行适时点拨，让学生冲破学习过程中的难关。

点拨航向：学生在展示过程中，往往会偏离本节课的主线，把问题拉得很远，使教学进度受到影响，这时就需要教师通过追问等方式拨正课堂学习的航向。

学生学习服务者

以学定教，以学评教，以学促教，教为不教。

以学定教：不是填鸭式的满堂灌，而是根据学情和知识发展的逻辑规律以及学生的认知规律编制导学案，在课堂上通过学情调查确定讲的内容，把大多数的时间和空间交给学生。

以学评教：教的目的是让学生学会、会学、乐学，而不是看教师的表演艺术，所以，评价教师教的效果的唯一标准是学生学习的效果。

以学促教：教师要想真正提升自我，就必须不断破解新的问题。没有问题的课堂，教师很难成长，所以给学生时间和空间，让课堂生成有价值的问题，实现教学相长。

教为不教：教师的教是外因，学生的学才是真正的内因，教是学的重要条件，教是为学服务的，所以必须坚持少教多学、先学后教、生生互学、师生互学的原则，让学生学会学习。

学生学习引导者

评价引导，流程引导，追问引导，拓展引导。

评价引导：科学的评价体系是高效课堂的关键，评价要及时有效。

一方面要做好个人的即时评价,激发一些学生的学习积极性;另一方面,要做好小组评价,让学生产生集体荣誉感和别人对他们的认同感。

流程引导:高效课堂的基本流程是预习—展示—反馈。那么,每个环节究竟需要多长时间?教师事先应该有个预测,但更重要的是要在课堂实际中调整和把握每个环节的进展速度。

追问引导:当学生对应该掌握的知识出现错误的时候,教师不要忙于去讲给学生听,而是要通过追问的方式,给学生一个思路引导学生进行探究,学生通过自己探究能够解决的问题,教师一定要交给学生。

拓展引导:当学生基本知识掌握后,对所学的知识需要拓展延伸的时候,教师一定要设计出相关的内容让那些学习成绩好的学生能够进一步拓展延伸提升,这样就满足了不同层次学生的需要。

课堂教学组织者

组织构建,组织预习,组织展示,组织反馈。

组织构建:如何构建学习小组,这是高效课堂的关键,是高效课堂的组织保证,没有小组建设,就不可能实现自主合作探究的学习方式,所以组建学习小组,发挥小组长的作用是教师的重要工作。

组织预习:教师要编制好导学案,导学案就是高效课堂的抓手,导学案是学生学习的线路图,教师在预习过程中的主要任务是编制高质量的导学案,然后在组长的组织下,进行有效预习。

组织展示:什么时候展示?谁进行展示?展示什么内容?教师必须在充分调查学情的基础上才能确定,所以,教师在学生展示环节中的组织作用是非常重要的。

组织反馈：高效课堂的重要特点是当堂检测，用什么方法？检测什么内容？如何整理导学案？对于这些问题，教师一方面要有准备，另一方面还要根据每节课的情况做具体的灵活机动的安排。

真实学情发现者

发现亮点，发现难点，发现疑点，发现切点。

发现亮点：教师一定要善于发现和总结课堂生成的亮点，利用亮点进行知识拓展，思维拓展，思想和情感拓展。

发现难点：难点不是事先完全能够预设的，教师认为的难点也许在课堂上学生很容易就弄懂了，真正的难点必须来自课堂的学情调查。

发现疑点：教师一定要在课堂上发现学生容易出错的地方，为在课堂上利用学生的错误进行拓展奠定基础。

发现切点：教师要从每一节课的学情调查中发现和掌握不同层次的学生对知识的掌握程度，为下一节导学案的编制提供切入点。

学习条件利用者

利用组长，利用对子，利用错误，利用生成。

利用组长：组长就是教师的助手，就是小老师，他们也是学习的组织者，教师可以通过组长实现分身术，把教师应该做的一些工作教给组长，所以培训小组长就是利用学生资源的重要工作。一些课改学校提出，"课前六分钟，课上报成功"，说的就是小组长的课前培训。

利用对子：为了实现学学相长，教师要利用对子进行学习。对子分两种，一种是同质对学，就是学习基础一样的，在一起进行合作探究，因为他们基础一样，所以就有共同语言，可以取长补短；另一种是利用差异性，基础好的帮助基础差的进行学习，好学生在帮助对方提高的过程中也得到提升和锻炼。

利用错误：错误也是课堂教学的重要资源，教师一定要善于利用错误，对学生在学习过程中出现的错误，要引导学生进行深刻系统的剖析，让学生在纠错过程中掌握知识，学会方法。

利用生成：课堂如果交给了学生就一定会生成许多东西，教师一定要善于整理和利用这些课堂生成的资源，实现师生相长，教学相长。

课堂教学设计者

设计高度，设计坡度，设计跨度，设计进度。

设计高度：教师要按照课标的要求，针对不同层次的实际情况，在导学案上设计好不同层次学生需要达到的高度，做到课堂上人人有收获。

设计坡度：导学案就是教师为学生搭建的一个攀登知识高峰的梯子，有了高度还要考虑学生攀登的坡度，只有坡度适中学生才能攀登。

设计跨度：知识和知识之间究竟设计怎样的跨度才能合理？跨度大和跨度小都不利于学生学习，教师要设计合理的跨度才能让学生顺利学习。

设计进度：设计进度有两个含义，一个是要结合课堂教学的实际安排本节课各个环节的进度，另一个就是要把讲的进度和学的进度区别开，根据学的实际效果安排教学进度。

科学方法提供者

学会做人，学会做事，学会合作，学会创新。

学会做人：教师要教育和教会学生如何做人，帮助他们形成做人的优秀品质和健全人格，为将来走向社会实践奠定基础。

学会做事：要教给学生分析问题、解决问题的方法，面对复杂的客观实际做好工作，取得成功。

学会合作：合作是成功的基础，要在小组学习过程中学会在合作中提高，在合作中双赢，学会换位思考，学会帮助别人。

学会创新：创新是一个人取得成功的核心素质，我们要在学习中培养学生的创新意识、创新精神、创新思维、创新方法。

第七章
构建学本位的新课堂

　　新课改中教材改革是前提,课堂改革是核心,改变教师是关键。不改教材谈不上新课程改革,只改教材不改课堂新课标就不可能落实。而教师观念不改,模式不改,行为不改,课堂就不可能改。

杜郎口的时代价值

杜郎口作为一个中国的普通农村中学，已经成为中国课堂教学改革的代名词，它的课堂教学改革，触及和解决了一些基础教育中存在的许多深层次的重大问题。杜郎口的成功和价值毋庸置疑。杜郎口改革在中国基础教育改革中，具有里程碑的历史意义，这代表着中国教育改革的方向。

杜郎口敢于让教育回到本真。教育被功利主义践踏得已经远离了它的本真。教育原本就是为学生的终身发展服务的，然后才能谈得上为社会发展服务。就在这个功利的时代背景下，杜郎口人提出了"以人为本，关注生命"的教育理念。他们从最后一名抓起，让每个学生都成为最好的自我。杜郎口人用自己的胆略和气魄，用自己的行动诠释了什么是良心，什么是责任。

杜郎口真正让素质教育的理念落地。当今的中国，实在是不缺少先进的教育理念：以人为本，教师是主导，学生是主体，自主合作探究的学习方式……这些教育教学理念经常挂在我们口头上，但这些科学的理念就像浮云一样在高空中飘浮不定，不能落地。我们只有美好的教育愿望，但没有建筑素质教育大厦的方法，而杜郎口的教学模式实现了素质教育理念的真正落地。

杜郎口真正构建了以"学"为中心课堂模式。当我们反复研究如何

"教"得有效的时候,当我们在"教"的道路上百般无奈、一筹莫展的时候,杜郎口出现了。它颠覆了"教"的理念和行动模式,重新构建了一套以学定教、以学评教、以学促教的以"学"为中心的教育理念,构建了以预习—展示—反馈为基本流程框架的行动模式。这个体系的构建是对传统课堂观念和教学模式的颠覆,改革了课堂生产关系,解放和发展了课堂生产力。

杜郎口模式冲破了两大教育瓶颈。一个瓶颈是普通的教师如何上出不普通的课,另一个瓶颈是普通的学生如何成为不普通的学生。教育如果能够解决这两个问题,就一定是成功的教育。传统的教育模式把教师当作课堂教学的最大资源。杜郎口是把学生当作课堂教学的最大资源,然后把"利用学生"作为课堂教学的核心技术,教师由原来的包办型转变成服务型的引导者,让学生在课堂上实现兵教兵、兵练兵、兵强兵,让每个教师上出不普通的课,让每个学生在课堂上获得自己需要的东西。

杜郎口模式具有开放性、科学性和普适性。任何一种模式如果没有开放性都会变成一种僵化的躯壳。杜郎口模式以预习—展示—反馈为主要特征。这样的教学模式符合学生身心发展规律,符合知识发展的逻辑规律,符合人性的发展需求,因而是科学的。杜郎口模式仍然是关于课堂教学的方法论,而不是什么特别具体的、让教师亦步亦趋的操作环节,教师可以在基本的框架内充实自己个性化的内容。全国许多学校的实践也证明了这一点。如果把这个模式太具体化就容易陷入模式化的尴尬境地。应该说这个方法论不但具有科学性,还具有普适性。

杜郎口是中国基础教育的一面旗帜,引领着中国基础教育改革的方向。他们敢于摒弃功利主义、把自己的教育面向全体学生的气魄值得我们学习,他们善于把素质教育的理念真正落地的智慧值得我们学习,他们敢于冲破"以师为本、以教为本"的传统观念的创新精神值得我们学习。他们改革的成果不仅仅是体现在杜郎口的学生受到了良好的教育，更重要的是为中国基础教育改革提供了可以借鉴的蓝本。

新课改究竟改什么

一位教育局长说,我们从来不认为杜郎口是新课改的典型,它充其量是一个课堂教学的典型。我听后很诧异。新课改究竟改什么?还有一位校长说,我们不学杜郎口,那只是个普通的农村中学,有什么好学的?他们的教师哪有几个正儿八经大学毕业的?他们让学生讲是因为他们讲不好、水平低,我们教师个个是高素质的大学毕业生,我们学校的教师经常上公开课、观摩课,我们即便学习也不学杜郎口。我问他:"如果让你自己选择学习对象,你会学习哪个学校呢?"他说出了外省的几个我没有听过的学校的名字,我问他:"向他们学习什么呢?"他说:"这几个学校都结合本地的历史文化,编写了地方课程,德育教育很有特色。"他还告诉我:"你作为教育局长,要多和教育权威接触,他们说你好,你就好。"他的话没有给我什么积极的启发,只是感觉很功利很片面,但却引起了我的思考。

课改究竟应该改什么?素质教育究竟依靠什么途径来实现?是不是把教材改了就是课改?如果是那样,课改就变成了少数专家和学者的事情了,与我们教师还有什么关系呢?我们说素质教育是不是就是编几个地方课程,或者搞一些课外活动?如果是那样,我们还煞费苦心去上课干什么?我认为,课程就是由"课"和"程"构成的,"课"就是教材,"程"就是教学过程,即课堂。新课改不但要改"课",更重要的要改

"程"。只有改"程"才能改变人才培养模式，才能把素质教育真正落实在课堂上。改"程"由谁来改？一定是由教师来改，所以新课改的实质是改变教师。

改教材是新课改的前提。原来的教材偏重于知识的学习，体现的是知识本位。新教材强调的是知识与技能，过程与方法，情感、态度和价值观的三维目标。要达到这样的目标，就需要改变教学方式。自主、合作、探究的新的学习方式以及新教材提出的新课标，已经为课堂教学模式的变革提出了新的要求。或者说，如果课堂模式不变化，我们就没有办法完成新课改提出的三维目标。

教学过程的改变是新课改的核心。新的课堂模式必须是能够承载新课标的课堂模式。如何实现新课标？方法就是自主、合作、探究。许多学校都进行了有益的探索与实践，但在许多地方并没有真正落实这六字方针。根本原因是我们深深地陷入了"教"的泥潭，总认为教师不讲学生就不会，所以就满堂灌，就互相抢时间，就利用学生的休息时间进行补课，我们的研究也就陷入了如何"教得有效"的泥潭当中。试想，如果教师满堂灌，学生没有时间和空间，自主、合作、探究就不可能实现，那么新课改提出的三维目标怎么能够实现？

改教师是改课堂的关键。课堂的主导者是教师，如果教师不变，课堂就不变。所以课改的实质是改教师，教师应该改什么？首先，教师必须改观念，由原来的以师为本，变成以生为本；由原来的以教为本，变成以学为本。其次，教师必须改变角色，由原来的课堂主宰者变成学生学习的服务者和引导者。再次，教师必须改变自己的行为，也就是改变自己的课堂模式，由原来的教师讲、学生听变成自主、合作、探究的新教学模式。

所以新课改中教材改革是前提,课堂改革是核心,改变教师是关键。不改教材谈不上新课程改革,只改教材不改课堂新课标就不可能落实。而教师观念不改,模式不改,行为不改,课堂就不可能改。如果我们还停留在改教材这个层面上,新课改就会流于形式。如果我们把新课改停留在改教学方法这个层面上,而不深化到改教师这个层面上,新课改也会事倍功半。

课堂教学结构的战略性调整

课堂是由教师、学生、教材和教室组成的,这四个因素在时间和空间的不同方式的组合,构成不同的课堂结构,且不同结构发挥的功能和效能也不同。唯物辩证法告诉我们,量变必然引起质变。量变有两种方式,一种方式是数量上的变化,另一种方式是结构上的变化。在某种意义上说,结构变化是一种大的量变,一般必然引起质的飞跃。要提高系统的功能与效能,就应该从调整结构的角度去思考。如果课堂结构不改变,光靠加班加点、题海战术是不可能解决提高课堂效率的实质问题的,提高课堂效率的根本出路在于调整课堂教学组成因素,实现课堂教学结构的战略性调整。

传统课堂的基本模式是教师讲、学生听,教师基本是课堂的霸占者,不给学生自主学习的时间和空间,学生之间说是同学,其实是同听,因为没有相互学习和研究的过程。教材基本上是教师课堂教学的工具,很少根据学科特点、知识体系和学生认知规律进行整合,教室被看作不变的教学场所,所以传统课堂结构基本上是线性的平面结构。那么,我们要想提高课堂效率,就必须将这种线性的平面结构,调整成网状的立体结构。

传统课堂形成的这种线性平面结构的根本原因是以师为本、以教为本的教学模式,要想建立一种新型的网状立体结构,就必须按照以生为本、以学为本的新理念，重新构建课堂教学结构。课堂教学结构的调整实质是教育观念的更新。那么如何调整，我认为应该实现十个方面的转变。

由传统课堂的教师满堂灌变成高效课堂的学生多学教师少讲。从教与学的量上确立学的主体地位，近些年出现的一些课改名校诸如杜郎口的"10+45"模式，就充分体现了多学少教。

由传统课堂的先教后学变成高效课堂的先学后教，从教与学的顺序上确立学的主体地位。传统课堂是教师拿着教案讲，高效课堂是学生拿着学案先学，然后教师精讲和点拨。

由传统的教师写教案变成高效课堂的教师为学生编制学案。教案是教师根据自己的认知特点写的教学方案，学案是教师根据学生的认知规律编制的为学生学习服务的方案，二者虽然一字之差，但后者体现教为学服务的理念。

由传统课堂的学生共同听变成高效课堂的学生共同学，真正将同学这个名称还给学生。建立小组学习制度，把一个大教室分割成几个小空间，整合空间，从而实现空间的扩容，把不变因素激活成可变因素。通过独学、对学和群学，通过兵教兵、兵练兵、兵强兵，通过小组之间的对抗与竞争实现课堂高效。

由传统的课后作业变成高效课堂当堂小组对抗竞争达标。传统课堂由于效率低，教师就要留有大量的作业，造成学生学习的被动与负担，而高效课堂通过自主学习教师点拨，再通过小组对抗竞争就可实现当堂达标。

由传统课堂的提问变成高效课堂的学生展示。学生展示是高效课堂的重要环节和显著标志。传统课堂的提问，学生参与度很有限，而高效课堂的小组展示解决了基础知识的达标，班级大展示解决了知识的拓展与提升，这不仅解决学生参与度问题，而且还解决了学生的学习动力问题，学生为了表现自己而自主学习。

由传统课堂的预设重点难点变成高效课堂的学情调查。传统课堂教师在备课时，根据经验预设出重点和难点，而后在课堂上用大量的时间去讲解。其实，教师预设的重点和难点不一定准确，因为它不是来自于学生学习的过程。而高效课堂提倡学生在课堂上通过自学、展示、反馈后把握重点和难点，有的放矢，提高效率。

由传统课堂的教师备教材变成高效课堂的教师对教材的重新整合。传统课堂教师往往是备知识点、备考试重点。高效课堂提倡教师根据学科特点、知识结构和学生的认知规律，对教材进行重新整合。这样就可以打破顺序，打破学时要求，进行有效教学。

由传统课堂的传授知识变成高效课堂的传授方法。授人以鱼，不如授人以渔。教师主要让学生掌握学科特点、学科结构、学科研究方法，而具体知识的学习主要通过自主合作学习的方式去实现。

由传统课堂的注重掌握知识变成通过提高学习能力，培养优秀品质，构建健全人格去自我获取知识。课堂不但要让学生获取知识，更主要的是要为学生终生发展奠定基础。传统课堂是教师表演的课堂，学生没有时间和空间去展示自我，而高效课堂通过学生展示提升，生成许多思想性很强的内容。课堂真正变成了德育的主渠道。

以上十个转变充分体现了教师为学生服务、教为学服务的"以生为本、以学为本"的理念，只有按照这样理念和原则对课堂教学结构进行调整，才能真正解放学生，发展学生，才能实现教学相长。真正的"知识的超市，生命的狂欢"的理想课堂才能实现。

课堂拿什么承载民主

　　课堂民主是一种科学的教育思想，只有真正落实课堂民主，课堂才能真正科学，课堂才能真正高效，课堂才能真正变成知识的超市，孩子们的生命才能在课堂上实现狂欢。

　　真正民主的课堂就是以生为本的课堂。以生为本的师生关系反映在课堂上，表现为教与学的关系，这种关系就必须遵循以学定教、以学评教和以学促教的基本原则。在课堂上教师不再是课堂的主宰者，不再唱独角戏，而是把时间和空间交给学生。民主课堂就是学习真正变成了学生自己的事情的课堂；民主课堂就是学习真正发生在学生身上的课堂；民主课堂就是真正按照学生的方式进行学习的课堂；民主课堂就是学生用真情和激情演奏生命美好乐章的课堂。在课堂上，学生的个性得到了张扬，不但获得了知识，还锻炼了能力；不但培养了良好品质，还构建了健全人格。教师在做导师和服务的过程中，和学生共同收获了成功的喜悦与快乐，教师在成就学生的同时也成就了自己。只有在民主课堂的背景下，每个学生才能成为最好的自我，每个教师才能真正成为学生最喜欢的教师，教育也才能真正做到为学生终身发展服务。因此，构建民主课堂应该是我们课堂建设的目标，或者说民主是科学建设课堂的必由之路，用民主与科学的教育思想打造高效生命课堂。

　　那么课堂拿什么承载民主呢？也就是如何构建民主课堂？我认为，

必须建设一种"自主—合作—探究"形式的新的教学模式，形成一种新的课堂机制。没有新的课堂模式在课堂机制上做保证，课堂民主就是一句空话。用什么样的课堂模式来承载课堂民主呢？小组学习模式应该是能够真正承载民主思想的科学模式。杜郎口中学在这个方面有了成功的经验，小组学习发挥了每个学生的主观能动性，把学生科学地分成学习小组就好像把土地分给了农民一样，把种田变成农民自己的事情，他们可以按照自己的方式，依据科学的方法去经营自己的土地，结果必将大大提高生产力，即国家在农村的基本政策——家庭联产承包责任制和统分结合的双层经营体制。那么，课堂能不能也采取这样的基本策略，即小组自主合作探究学习机制和在教师指导下的统分结合的双层学习体制？答案是肯定的。在小组内通过自主、合作、探究，通过小展示、组内质疑，通过兵教兵、兵练兵、兵强兵，解决学生应该把握的基本知识与技能。在教师的指导下，组与组之间对抗与竞争，通过班级的大展示解决知识的拓展与提升，实现情感态度与价值观的培养与提升。这样的课堂关键是教师必须把握统与分的科学尺度，或者说教与学的关系在具体的课堂实践中就是教师对统与分的把握。

民主是课堂建设的科学思想，这一点毋庸置疑，但在课堂建设实践中，却出现了许多偏差。一方面，没有真正改变课堂教学模式，没有科学的课堂机制做保证，课堂民主没有载体，民主变成了有思想没有方法的空洞口号。另一方面，虽然建立了小组学习制度，但没有把握精髓，有形无神，课堂仍然是教师表演的舞台，仍然是少数优秀学生表演的舞台，没有让每个学生都得到锻炼和提高，课堂民主成了一句空话。我们应该用民主的思想彻底改造传统课堂，不但让学生乐在课堂，还要让学生收获在课堂，彻底批判和抛弃假民主的课堂。

再谈高效课堂技术

高效课堂是对传统课堂的颠覆性改革，一方面，高效课堂重新构建了课堂观念体系，即两大观念的转变：一是由以师为本转变为以生为本；二是由以教为本转变为以学为本。另一方面，高效课堂重新构建了方法体系。新的方法就是承载着新的观念的课堂模式。由原来的教师讲、学生听，变成了以学定教、以学评教、以学促教的预习—展示—反馈的课堂模式。高效课堂的建设之初，观念是个瓶颈因素，人们传统的观念很难突破。到了实践阶段，技术又成为了瓶颈因素。所以在高效课堂建设中，有两种倾向必须克服：一是陷入观念的泥潭，说理念夸夸其谈，说技术哑口无言，行动起来混乱无序；二是陷入技术的泥潭，理念没有真正内化成为我们自己的观念，然后就亦步亦趋地学习高效课堂的技术，追求细枝末节，结果是成了不承载科学观念的有武无功的花架子。

当前最值得注意的就是，在观念转变的前提下，必须掌握高效课堂技术，但必须防止陷入具体的技术泥潭中。如何理解高效课堂的技术，如何把握高效课堂的技术，就成为关键的关键。

首先，必须树立"观念"是最根本的技术的思想。高效课堂的最核心的理念就是学生是课堂教学的最大资源，这个观念是我们高效课堂的最大技术，也是最根本的技术。传统的课堂奉行的是以师为本、以教为本，把教师和教材看作课堂教学的最大资源。高效课堂奉行的是以生为本、以学为本,坚持学生是课堂教学的最大资源的思想,认为学生是主人,学生是教师,学生是活性的教材等等。只有树立这样的思想,高效课堂的实践才能够成为可能。

其次,利用学生是高效课堂的最核心技术。既然学生是课堂教学的最大资源,那么要想真正建设高效课堂,就必须利用好学生这个资源。利用学生就是高效课堂最核心的技术。也就是说,在课堂上教师的所有技术都体现在如何利用学生上,不会利用学生的教师就没有掌握高效课堂的核心技术,更谈不到什么课堂艺术,只能是在课堂上自我表演,自我陶醉。所以,教师在课堂上的重要职责就是整合学生这个课堂最大的资源,整合到最优化的程度,课堂效益才能最大化。

最后,把握高效课堂的关键技术。有了根本技术和核心技术的支撑,接下来就要研究行动层面的关键技术了。目前,高效课堂的具体模式可能不尽相同,但都是遵循预习、展示、反馈三个核心环节。这样的课堂模式就要求我们掌握这样几个关键词:导学案的编制、小组建设与文化构建、课堂基本流程、课堂评价体系建设。应该说这四个方面是高效课堂的关键技术,也是操作层面的技术,不会把握就不会建设高效课堂。当然在每个关键技术层面,都会体现教师的个人素质和个性化的东西,不可千篇一律,那样就会陷入技术的泥潭。

总之,高效课堂必须把握技术,但不能陷入细枝末节的技术泥潭中,不陷入技术泥潭就必须从更高的层面和视角审视课堂技术的内涵,把学生是课堂教学的最大资源看成最根本技术,把利用学生看作高效课堂的核心技术,在此基础上结合教师实际和学生实际去研究高效课堂的关键技术,即导学案、小组建设、课堂流程、课堂评价等等,这样才能使高效课堂建设健康发展。

导学案是高效课堂的施工图

高效课堂有几个核心词：导学案、小组建设、课堂流程、课堂评价与检测。我们应该明白导学案、小组建设、课堂流程和课堂评价与检测之间的关系，然后才能确定高效课堂的突破口。导学案是高效课堂的线路图，或者说是施工的图纸；小组建设是高效课堂的组织保证，或者说是一个施工的单位和队伍；课堂流程当然是建设施工的方法和过程；评价相当于施工过程的监工，检测当然就是工程的最后验收了，看看是优质工程还是豆腐渣工程。

应该说高效课堂的这几个方面是一个不可分割的整体，缺了哪个也不可能打造优质工程。我们要想盖楼，如果没有图纸能盖成吗？如果没有高标准的图纸能完成优质工程的施工吗？所以，导学案的作用是不可低估的，它在高效课堂建设中起方向性的主导作用。

目前的导学案出现了这样几种现象：一是教案的翻版，教案是教师教学的方案，学生拿着它能学习吗？二是教材的翻版，如果学生拿教材就能学，编制导学案又何苦呢？三是习题集的翻版，这里面没有为学生学习设计一个可以攀登的梯子。这样的导学案拿来学生不能学习，或者说施工单位拿这个图纸不能施工，所以，教师便大包大揽直接成了施工人员，放弃施工图纸，自己去讲，这就出现了我们目前的课堂不按照导学案上课的现象。导学案必须是学案、教案、练案三案合一的统一体，学生拿着它能够学习，教师拿着它能上课，学生拿着它能够练习。所以，首先要进行导学案过关。导学案必须是在教师吃透学情、吃透教材、吃透教法、吃透学法的基础上才能够完成的。我们应该提倡集体、集智备课，发挥优秀教师的作用，资源共享，先编制出好的施工图来。

　　施工图是前提，没有图一切都会成为泡影。但光有图还不行，小组就是在总设计师的引领下进行施工的队伍，如果小组建设不到位，也保证不了施工的质量，小组长就是施工队的队长，他的作用特别大，他让每个队员根据自己的能力做不同的工作，各尽其能。课堂流程就是施工的过程和方法，如果没有流程，怎么施工？所以，必须严格按照施工流程去做。教师就像施工过程的监理一样，随时进行质量监督，要强化过程监控，及时评价，及时纠错，及时引导、点拨与追问，保证施工按科学的流程进行操作。最后进行检测，就是看我们的工程究竟是什么质量。如果我们目前不知道究竟从哪里突破，我想在转变观念的前提下，在几个重点工作齐头并进的情况下，应该把导学案作为高效课堂的重要抓手。

高效课堂的恰当比喻

中国教师报·全国教师培训基地的刘海员这样比喻高效课堂的几个关键要素：小组建设是泉眼，导学案编用是源泉，流程操作是管道，管理评价是流向，文化学术是土壤，老师学生是幼苗……如此泉生源，源积流，水到渠成，亦可渠成水畅，水至土润，土润苗壮，苗壮涵水，水丰成泉，泉深源渊，源远流长，生生息息，循环不止……这个比喻很恰当，我们应该仔细体会一下这几个要素之间的关系，以便更加科学地进行高效课堂的操作。

打造高效课堂的目的是为了学生的发展，是为了教师的成长。把学生和教师比作幼苗，幼苗的成长需要土壤，需要成长环境，而这土壤和环境就是学校长期形成的积极向上、开拓创新的文化氛围，就是学校富有实效的教育科研。离开这些条件，学生和教师就没有办法成长。为什么一些学校搞高效课堂这么艰难？就是因为学校没有文化和科研土壤，或者土壤特别贫瘠。为什么一些年轻的教师在名校很快就成为了名师？原因就是他们有教师成长的丰厚土壤，所以学校文化建设与教育科研是教师和学生成长的重要外部条件。

我们要想让幼苗健康成长，光有土壤还不行，必须有泉，泉就是幼苗成长所需要的水和必要的养分，那么学生和教师成长所需要的养分在哪里？在教师集体编制的导学案里，那既是学生学习的学案，也是教师教学的教案，还是学生练习的练案。按照导学案设计教学，由于把时间和空间给了学生，课堂上就会生成许多教师预设不到的问题，这些问题既是学生生成的养分，也是教师成长的养分。所以，一份好的导学案就是适合学生和教师自己的营养源泉。

那么，这样的营养靠什么送到土壤中呢？要靠管道。高效课堂的操作流程就是管道，我们说的五步三查法就是操作流程，就是管道。如果没有流程也就等于没有管道。试想一下，如果我们有泉，但没有管道，那么如何将养分注入土壤呢？许多教师编制了很好的导学案，但由于课堂流程不科学，营养泉不能流入土壤，也不能达到高效课堂的效果，因为这个流程是保证营养能够送达土壤的条件。

有了管道能保证营养泉输送到幼苗那里吗？究竟输送到哪里？这就需要有正确的方向，也就是管道的流向。高效课堂的管道方向就是课堂的评价，课堂评价是个导向，没有评价课堂就会偏离方向。课堂评价要紧紧围绕三维目标，同时在不同的时期，不同的小组、个人的评价，都应该是不断变化的，不能一成不变，也就是要紧紧围绕课堂评价内容，根据基本的评价原则，根据不同时期评价重点，采取不同的评价策略，保证输送管道的方向性。

有了泉，有了管道，有了方向，但这泉究竟能喷多远？如果压力小，泉则近，幼苗不能普受甘露。我们小组建设的强弱，就决定了泉眼的压力大小。应该说，没有小组建设，或者小组建设不到位，我们就不可能实现全体学生全面发展的目标。

刘海员的这个比喻非常恰当，他确定了高效课堂中几个关键要素在全局中的作用，同时揭示了这几个关键要素之间的关系，应该说，这些关键要素是相互依存，互相作用的统一体。任何一个要素都不可偏废，偏废任何一个，高效课堂都不会真正达到高效。我们在高效课堂浅水区的时候，要认真分析我们在哪些方面还没有做到位，要寻找差距，有针对性地解决存在的薄弱环节，真正把课堂建设成为高效课堂。

展示是激发学习动力的平台

要想让孩子们学得快乐、学得高效，就必须找到孩子们学习的真正动力。那么，孩子们学习的直接的永不枯竭的动力是什么？是他们的好奇心、自尊心、表现欲、认同心和荣誉感。那么如何激发他们内心的这种动力，是我们教育教学实践必须解决的问题。

构建展示平台，建设展示文化是激发学生学习动力的有效途径。展示是高效课堂的显著特征，也是一些名校的文化建设特点。去过杜郎口的人都知道，杜郎口中学最大的特点就是它的展示文化。把展示当作一种文化来建设，当展示成为人们的一种行为习惯和方式的时候就变成了文化。

展示就是表现、表达、表演，孩子们为了不断地满足自己的好奇心，就会按照自己的方式不断地摄取知识，当他们有了自己的收获之后，为了得到别人的认同，就需要展示，所以展示是满足孩子们被认同心理的需要。

当教师给了他们展示的机会的时候，他们为了自己的自尊心，就一定要为自己的展示做充分的准备，每个学生都想把自己最优秀的一面展示给别人，都不甘落后，所以他们就会在课前按照教师的导学案精心准备，以便更好地展示。从这个意义上说，展示是学生学习的动力。

当你把孩子们分成学习小组进行学习，在课堂上进行小组质疑对抗的时候，每个孩子都不想给自己的小组拖后腿，他们都有一种集体荣誉感，所以他们就自然形成了组内的兵教兵、兵练兵、兵强兵的学习机制，展示成为满足学生荣誉感的有效途径。

当然，不能为了展示而展示，展示必须为学生的有效学习服务。我们给学生搭建展示平台的目的就是激发学生的好奇心、自尊心、表现欲、认同心和荣誉感，通过这种平台的搭建，让学习真正发生在学生身上，让学习真正变成学生自己的事情。如果没有把握展示的内涵，容易变成为展示而展示，这样不但没有效果还会事倍功半。

我们应该把展示当作一种文化来建设，展示不仅在课堂内，还要在课堂外，也就是在学校处处为展示搭建平台；不仅为学生搭建展示平台，还要为教师搭建展示平台，让展示成为一种文化，让师生在展示文化的氛围中共同成长。

质疑的价值是培养求真与创新精神

在高效课堂的实践中,教师们往往提出这样的问题:学生在课堂上的质疑与对抗往往偏离主题,这样会耽误许多时间,影响教学进度,从而影响学习成绩,如何解决这个问题?这个问题也是高效课堂实践中出现的普遍问题。那么如何正确认识质疑,如何处理好质疑与教学进度之间的关系就成为高效课堂需要思考和解决的一个重要问题。

什么叫质疑?质疑:质,证据;疑,疑问。利用证据,提出疑问,请人解答。

质疑的目的是什么?求真和创新。

什么叫求真?求真就是探索规律。求真不仅要知道是什么,还要知道为什么。当然,求真的基本要求就是认识事物的本来面目。特别是在当前教学实践突出了知识的元素化教学的现实条件下,学生学习完知识之后,往往不知道事物的全貌是什么。通过质疑就可以克服这种元素化教学的弊端,课堂上好像是学生离题万里,但通过上挂下联的质疑与对抗,学生对整个知识体系就会有很好的把握。

求真本身不但是一种科学的精神,更能够培养学生的优秀的品质。凡是真的东西都是善和美的,凡是假的东西都是丑和恶的。所以,质疑过程就是发现真善美和甄别假丑恶的过程,就是培养学生优秀品质的过程。

什么是创新？创新就是推陈出新。创新需要有探索精神，没有质疑探索，创新就不会开始，假如学生认为书本上说的都是对的，教师说的都是对的，领导说的都是对的，学生就只能是唯书唯上，就会人云亦云。即使别人说得对，学生也只能知其然而不知其所以然。所以，必须让学生敢于提出"为什么"和"对不对"，让学生在质疑中追根溯源。

质疑是探索的起点，也是创新的前提。如果学生不敢问为什么，其实也就不知道对不对。不知道对不对就不可能进行新的探索，更谈不上创新。科学发明和创造没有一个不是从质疑开始的，如果牛顿没有对苹果为什么会落地的质疑，就不可能发现万有引力定律；如果瓦特没有对烧水时壶盖为什么会被顶起来的质疑，就不会发明蒸汽机等等，所以说质疑是批判的前提，批判是探索和创新的开始。

质疑是一种品质，一种思维，一种精神，它是探索的起点，更是创新的前提。新课标把"双基"变成了"四基"，质疑本身就是夯实"四基"的行动策略。新课标也降低了难度，这也为课堂质疑提供了时间。因此，我们必须把培养学生的质疑精神当作一种课堂文化去培养。

有人也许还要问，我们知道质疑很重要，关键是如果放开让学生质疑对抗，如何保证课堂教学的进度？其实，质疑的过程也是学生学会学习的过程，学生如果会学习了，教学进度本身应该不成问题，当然在高效课堂的初期肯定会遇到这样的问题，那么如何解决这个矛盾呢？

一是必须明确什么是教学进度。我们平时所说的教学进度就是教的进度，以至于学生会不会那是学生的事情，所以我们追求教的进度其实没有真正的意义。

二是教师要在课前对学生可能提出的问题做一个初步的预设。在课堂上，对有价值的质疑要不断引向深入，对那些远离主题的质疑要科学引导，做到收放自如。

三是教师必须对教材进行整合。教师是用教材教，而不是教教材，教师要按照知识体系和学生的认知规律对教材进行整合，给学生在课堂上质疑提供时间。

质疑本身是高效课堂的核心文化，质疑的目的是培养学生的求真精神、批判精神、探索精神、创新精神，并非只是让学生找到正确答案。我们要正确处理好课堂质疑与教学进度的关系，让学生在质疑中找到真善美，在质疑中鉴别假丑恶。质疑不仅在课堂上，还要在生活和实践中。

第八章
冲破课改重重阻力

改革是一场斗争与革命,但由于斗争的性质不同,我们斗争的策略和态度也应该有所不同。如果属于教育立场的斗争,我们就应该旗帜鲜明、丝毫不让;如果属于教育观念的争论,我们一定要做艰苦细致的工作,用正确的观念影响他们。

两种体系的较量与斗争

现在进行的课堂教学改革，如果用一句话概括就是：要构建一套"以学为中心"的理念体系，同时还要构建一套能够承载"以学为中心"的课堂行动模式体系。这也是对传统课堂的颠覆性改革。因为支撑传统课堂的理念体系是"以教为中心"，它整个的行动模式也是"以教为中心"。这两种体系表象就是课堂上是以教师讲为主还是在教师的主导下以学生的学为主。表面上看，争论的焦点是教师的讲与不讲（或者多讲与少讲），其实质是课堂教学究竟是坚持"学为中心"还是"教为中心"，所以课改的实质是"学为中心"与"教为中心"两种思想体系的斗争，这场斗争具有长期性、复杂性、艰巨性、残酷性。

课堂教学中存在的一切问题的总根源就是坚持了以教为中心，这种教学模式没有办法关注每个学生，也没有办法关注学生的全面发展，更没有办法关注教师的真正发展。所以，教育就变成了为少数学生升学服务的精英教育，其实质就是一种违背学生身心发展规律的功利主义教育。因为以教为中心的课堂，就是以教师讲为主，甚至是填鸭式的满堂灌，这种课堂教学模式害了孩子，害了教师，害了教育也害了民族的未来。

以学为中心就是把学生看作课堂教学的最大资源，把利用学生作为课堂教学的根本手段，根据这样的理念，许多学校进行了积极有价值的探索。构建了一种以预习—展示—反馈为基本流程，以导学案为抓手，以小组合作学习为主要学习方式，以小组建设为组织保证，以课堂展示为课堂文化，以质疑、对抗、竞争为主要展示方式的一种新的课堂教学模式。这种课堂模式从根本上确定了学生的主体地位，充分发挥了教师的主导作用，这样的课堂由于把时间和空间还给了学生，所以课堂上会生成大量的有价值的问题。在这样的课堂上真正实现了全体学生的全面发展，同时也实现了教师的成长与发展。

为什么要坚持以学为中心？为什么要改变以教为中心？这就是斗争的焦点。课堂教学的目的是什么？目的就是让全体学生全面发展，让每个学生都成为最好的自我，而不是让教师尽情表演。如果课堂是想让学生学会、会学、乐学，那么我们就要树立以学定教、以学评教、以学促教的理念。学是内因，教是外因，外因要通过内因而起作用。所以，一切的教都是为学服务的，或者说，教只是学的一个重要条件。没有教肯定不行，但如果学生完全依赖于教而不发挥自己的主观能动性去学一定学不好。

有人说，如果把课堂还给学生，教师不讲或者少讲，那么还要学校干什么？还要教师干什么？如果教师不讲，那么谁都能够当教师？新课改难道就是解放了教师，而让学生自己学习吗？此言差矣。新课堂不是对教师的要求降低了，而是高了，不是教师的工作量小了而是大了。教师虽然累了，但一定是快乐幸福的。新课堂教师的角色转变了，新课堂呼唤新教师。

如果单看教师在新的课堂背景下的工作量，是原来的备课简单，还是现在编制导学案简单？是原来自己讲简单，还是现在指导小组学习简单？是原来讲自己会的满堂灌简单，还是现在面对课堂生成的大量不可能完全预设的问题简单？是原来的我会什么就讲什么简单，还是在充分调查课堂学情的基础上进行追问和点拨简单？等等等等。如果你真正了解了高效的课堂，你就不会说，这样的课堂，教师比原来工作量小了，你也不会说这样的课堂对教师的素质要求低了。如果教师真正转变了观念，走进了新课堂，就一定能够找到自己的职业幸福感，因为我们一旦给了学生平台，学生就会不断给我们惊喜，不断进步。一个教师没有什么比看到学生真正成长与进步还高兴的事情了。

为什么从教为中心向学为中心的转变那么艰难呢？教为中心简单易行，所以懒惰者不愿做艰苦的工作；教为中心在抓少数人升学率方面很有效，家长也很认可，所以功利主义者不想为全体学生的全面发展付出心血；教为中心关注的是少数学生，一些优秀学生的家长不愿意把教师的精力分给所有的学生，所以，他们反对我们的课堂改革；我们对教为中心已经习以为常，不论有多少弊端，人们已经司空见惯，如果改变这种模式也许会引起一些人的不理解，所以一些懦弱者不愿意去尝试而承担风险；以教为中心的评价系统已经特别完备，一些传统的名师名家都是传统模式的受益者，如果重新洗牌会伤害他们的利益，所以一些人不愿失去自己的既得利益。这样由教为中心向学为中心的转变就需要一个艰苦的过程，而且在转变过程中还要进行一场较量和斗争。

坚持学为中心还是坚持教为中心，其实质不是教育观念和教育方法的斗争，而是教育立场的斗争，教育究竟是面向少数学生还是全体学生？是让学生追求分，还是让学生在素质提高的同时提高成绩？是让教师为学生的成绩牺牲自我，还是在成就学生的同时也成就自我？对这些问题的不同回答，就决定我们是坚持学为中心还是坚持教为中心。我们一定要看清这场斗争的实质，那些坚持教为中心的人，有许多是有良心的教育工作者，他们的出发点是好的，只不过是观念的问题。还有一小部分功利主义者的教育立场有问题，这些人往往打着为了学生发展的旗号反对改革，而且这一小部分的人往往很有能量，他们是中国教育改革的绊脚石，这就决定了这场斗争的艰巨性、复杂性、长期性和残酷性，但不论多么艰难，我们都要做有良知的教育工作者，为中国教育改革做出自己的贡献。

课堂革命究竟"革"了谁的命

课堂教学改革是一场新的教育革命。高效课堂是对传统课堂的一种颠覆性改革，之所以说是一场颠覆性改革，就是现在的课堂要对传统课堂实现三个颠覆。一是对教育立场的颠覆。传统课堂是为了少数学生片面发展的所谓精英教育，也是一种功利教育。而高效课堂是为了全体学生的全面发展，从最后一名学生抓起，让每个学生都成为最好的自我的功德教育。二是对教育观念的颠覆。传统教育所遵循的教育理念是以师为本、以教为本、以知识为本，而我们现在提倡的教育理念是以生为本、以学为本、以素质为本。三是对课堂模式的颠覆。传统课堂的基本模式是教师讲、学生听。而高效课堂是把学生看作课堂教学的最大资源，把利用学生当作高效课堂的最重要手段，把预习—展示—反馈作为课堂的基本流程。因此，我们说课堂教学改革是一场新的教育革命，是一场心灵革命、观念革命、技术革命和行动革命。

改革是一场革命，革命就是利益的重新调整。课堂教学改革，从表面看，是一种人才培养模式的变革，似乎是教育内部的一场深刻变革。但其实质是一场利益关系的重新调整，课堂教学改革的真正目的，就是想让每个学生都能享受同样的受教育的权利，让每个学生受教育的权利最大化，而不是为少数学生升学服务。这种改革必将引起教育评价的深刻变革，必将引起教育文化的重新构建，必将通过课堂这个支点引起教育管理机制的变革，甚至要引起整个教育体制的逐渐变革。

改革实质就是把学生受教育的权利重新还给学生。那么，还权的过程就要伤害一些人的既得利益。这些既得利益者就会从不同的角度，采取不同的方式，对我们的改革提出异议，甚至反对改革。那么课堂革命究竟"革"了谁的命？这个问题，是我们必须认真思考的问题。明确了这个问题有利于我们在课改的工作中不断破解矛盾。

课堂革命"革"了懒惰者的命。把精力放在为少数学生升学上和把精力放在所有学生身上当然不一样，后者要做大量的艰苦细致的工作，特别是增加校长、教师的工作强度，如果没有一种为全体学生全面发展高度负责任的责任感，谁愿意去改革呢？

课堂革命"革"了懦弱者的命。改革既然是利益的重新调整，就会承受许多压力，有的时候还要承受一些无端的打击，一些人不是不想为孩子做事情，而是他们没有勇气承受各种压力和打击，所以，他们会在改革出现阻力和困难时畏缩不前，甚至反对改革。

课堂革命"革"了没有良心的教师的命。有一些极个别的教师，受利益驱动，不是在课堂上全身心地去搞教育教学，而是把主要的精力放在课后为学生补课上，这些教师虽然数量不多，但影响相当坏，他们没有一颗全心全意为学生发展服务的良心，总想牟取个人利益，对高效课堂持反对态度。原因很简单，一是这种教学方式会花费大量的时间编制导学案，要用大量的精力研究学情，这样他们就没有时间和精力去补课，另外，如果学生在课堂上学会了，还有谁去花钱补课呢？

课堂革命"革"了传统名师的命。传统课堂对课堂的评价是评价教师教的如何，或者干脆说评价教师表演的如何，一些素质高的教师表演能力很强，多次获得各种教学荣誉称号。而现在高效课堂主要是以学评教，看学生学得如何，这些教师就要重新调整自己的教学形式，他们由原来的大师变成了和别人一样的学员，所以，他们心里失衡，一时很难转变思想、改变行为。

课堂革命"革"了守旧者的命。一些教师由于受传统观念影响得太深，观念很难转变，他们在传统课堂上得心应手，而我们推行的高效课堂，要重新构建教与学的关系，要求教师精讲与点拨。他们已经习惯于讲，总认为自己不讲，学生就不会，所以，这些教师进入新的课堂模式就需要一个艰苦的过程。

课堂革命"革"了传统专家的命。一些传统教育专家，他们紧紧围绕"教"进行了大量的研究，已经形成了自己的完整的理论框架和行动模式框架以及评价体系框架，应该说，他们在教育界有很大的影响力，他们到处做报告，讲学宣传，推广自己的教育思想和教育行动策略。而目前推广的高效课堂是一种以学为中心的观念体系和行动模式体系以及评价体系。如果没有一定的教育胸怀，这些人怎能放弃自己的安身立命之本呢？

课堂革命"革"了糊涂家长的命。你一提出改革，一些好学生的家长认为，教师由原来的顾及包括自己孩子在内的少数孩子变成了关注所有孩子，自己孩子的学习肯定要受到影响。特别是小组学习方式，好学生还有帮助基础差的学生进行学习，一定会影响自己孩子的学习，所以他们就反对改革，其实他们不明白帮助别人学习的过程，就是提高自己的过程。更有一些自私的家长，他们怕别的孩子学会超过自己的孩子。一些成绩差一点的家长，也会说，原来教师讲我们都不会，现在教师少讲，我们孩子更不会了，所以也跟着反对改革。

课堂革命"革"了传统名校的命。我们不能否认一些名校有深刻的、厚重的文化内涵，有很高的教育教学质量，为国家培养出了一些优秀的人才。但也有相当一批学校，靠的是优越的地理位置，靠政府大量的硬件投入而形成的优质的教育资源，靠"掠夺"本学区以外的好学苗而成为名校的。这样的学校奉献给社会的升学率，应该说和其他一般学校不在一个起跑线上，在一段时间内不改革也能够名声显赫；另一方面，改革还要承担风险，还要付出艰辛的努力，所以这些学校改革的积极性很低。

课堂革命"革"了教育科研的命。以往的许多教育科研，往往都是在办公室里、在图书馆里，没有真正面对教育的丰富多彩的教育实践，更很少直指教育最核心的课堂。一些科研变成了专家的事情，与一线教师没有什么关系，一线教师搞的教育科研也只是用来评定职称或者评先选优。教育科学很少或者很难转化成教育生产力。而现在的课堂教学改革，要求我们必须锁定问题，直指课堂，是一种在科学理论指导下的行动研究。这样的改革对以往的教育科研是一种挑战和冲击，所以一些从事教育科研的人不愿意搞这些真正的科研。

课堂革命"革"了功利主义者的命。功利主义者关注的是少数学生升学的教育，他们不愿意为全体学生的全面发展投入全身心的探索和实践。因为功利主义教育最简单、最省力，以至于认为绝大多数学生发展不发展似乎与他们没有什么关系。他们认为，那些学生没有发展也不是我们教育的责任，最怕的是改革影响了升学率。所以，功利主义者不愿承担责任和风险，反对改革。

课堂教学改革不仅仅是简单的教学方式的变革，而是通过课堂这个支点撬动整个教育的变革，实质就是让每个学生都同等地享受接受教育的权利，把每个学生应该拥有的学习权利还给学生，在还权的过程中，就会伤害一些人的利益。在某种程度上说,改革是一场斗争与革命,斗争的性质不同,我们斗争的策略和态度也应该有所不同。如果属于教育立场的斗争,我们就应该旗帜鲜明、丝毫不让;如果属于教育观念的争论,我们一定要做艰苦细致的工作,用正确的观念影响他们。

拒绝课改的典型观点

悲观失望，无所作为的观点。中国教育存在问题需要改革，没有人提出异议，但面对着问题重重、积重难返的教育现状，认为自己努力是杯水车薪，所以望洋兴叹，无所作为。

摸不着石头没法过河的观点。认为"改"是应该的，但国家没有推出一个典型的成功模式，没有现成的经验，满头雾水地一阵乱撞，是很难实践的。

一切从实际出发的观点。拒绝学习和研究一些成功的经验，把那些成功的经验看作是个性化的东西，也从来不分析自己的具体问题是什么，不知道自己的实际是什么，所以也就没有办法出发。

稳定压倒一切的观点。在中国，真正搞素质教育改革的学校是少数的，现在大家都这么搞，老百姓也习惯了。但如果改革出现了反对的声音，家长上访，影响了稳定，我们就成了枪打出头的"鸟"了。我们难以承受不稳定带来的压力。

鱼和熊掌不能兼得的观点。一些人把素质教育和提高成绩对立起来，认为要素质就不可能有成绩，要成绩就没时间提高素质——这应该是课改的最大误区。他们往往会以不能牺牲升学率为理由拒绝改革。

教与学对立的形而上学观点。改革其实就是调整教与学的关系，我们强调以学定教、以学评教、以学促教，结果被一些人误解为教师无用，走向了另一个极端。

学生满意不等于人民满意的观点。自主、合作、探究的学习方式，解放了学生也解放了教师，学生是喜欢这种形式的。但课改初期教师不习惯这种教学方式，学生的学习能力也没有形成，难免会出现一些问题，结果家长就说这种方式不行，所以改革往往陷入僵局。

评价不变课就不变的观点。人们往往把改革的最大瓶颈归结为现在的评价体系，所以认为评价不变，课堂就不可能变化，因此认为改革是不可能成功的。

否定"学"为中心的观点。一些人认为，如果构建一个以学为中心的模式，就不可能实现我们改革的目标。他们还是紧紧抱着以教为中心不放，他们所做的一切都是围绕"教"来进行的改良，所以总是争论讲与不讲。

"课改"速胜论的观点。有许多人把改革看成是一个简单的事情，把改革看成是一蹴而就的工作，想通过改革，马上提高成绩，就像我们做饭一样，总是去掀盖子，结果一看没熟就对改革失去了信心，就走回头路，导致改革夭折。

课改阻力其实来自教育内部

不课改是死路一条,但真课改也许还是一条死路。谁都知道课改难,应该说课改的路上是一路荆棘、阻力重重,但我们仔细分析一下你就会知道,课改真正的阻力其实来自我们的教育内部。

我们个别校长似乎就是社会活动家,大部分时间用于协调各种关系,迎接各种检查,搞一些社会活动。不去课堂,不去教研,不去给教师做讲座。校长不姓"教"在一些地方屡见不鲜。校长不在教学第一线,怎么去引领教师去搞课改?课改对校长的专业素质提出了新的挑战,一些校长由于没有很深的专业知识的积淀,所以适应不了新的课改形势,再加之搞课改要把学校的经费大量地向教学倾斜,因此一些校长对课改的态度很漠然,就是搞了,也是表面文章,没有什么成效,结果最后归罪于改革的失败。

我们的个别老师,在传统课堂拿着教材走向教室,备课不备课都能上课。一些教师常说,我都教这些年了,那点东西都烂肚子里了,备课也是为了应付学校检查,我上课用不着备课,这样的课多轻松啊。他们认为,教师自己会了,而且讲了,就算完成任务了,以至于学生会不会好像就不是他的事情了。如果你和他说,课堂没有关注到所有学生,他就会说,我对每个学生都一样讲,也有学习好的啊,他学不会还能够怨教师吗?师傅领进门,修行在个人。高效课堂要求以导学案为抓手,天天都要研究教学，和原来比要多花费许多精力，有的教师就说，这种方法根本不行，教师讲学生还不会呢？如果教师不讲，成绩会下降的，没有成绩谁能够负责任啊？

我们的一些家长一直认为，自己的孩子学习不好，不是老师的责任，不怨学校，是自己的孩子太笨。他们从来也没有意识到，这种填鸭式的教学模式，特别是把分数作为生命的条件下，不可能去关注所有学生的发展。当他们听说，上课教师不讲了，以自主学习为主，又听一些教师说，新模式肯定不行，这些家长就会惊恐万分，他们会说，老师讲我们孩子都不会，不讲那就更不会了，所以他们不支持课改。那些好学生的家长会说，我们的孩子学习本来很好，你们一折腾我们孩子考不上怎么办？再说了，孩子就适合这种模式，如果换了方法，孩子不适应，别的孩子适应了，别人学习成绩超过我们，我们将来考不上怎么办？所以，他们也反对课改。

我们的一些教育局长关心的是：一是升学率，二是安全和稳定。今年比去年多考上多少人？有的局长甚至帮助学校研究如何抓尖子，我们什么时候问问那些学习成绩不好的学生有多大的进步啊？什么时候研究过如何通过课堂提高我们孩子的素质、培养孩子的优秀品质和健全人格？他们也许会说，老百姓关心的就是升学率，升学率抓上去了，老百姓满意了，这就是人民满意的教育。我们为什么不去研究既让孩子有素质又能让孩子不在考场上败下来的途径呢？过去孩子有许多活动，比如扫墓、春游、各种体育比赛，现在一些学校怕出现安全事故就取消了活动，因噎废食。一说课堂改革，他们也许就说，现在大家不都这样吗？我们不出那个风头，大家反对，社会不稳定我们负不了那个责任。所以一些教育局长也不热衷于改革。

教育内部这些对改革或者冷漠或者反对的因素，折射到社会上，就是社会不支持改革、不认可改革，特别是在稳定压倒一切的社会环境下，人们都是求稳怕乱，谁平稳的日子不好好过，而去触发社会矛盾呢？所以人们就往往是事不关己，高高挂起。

课改的真正阻力在于教育内部，不要总说教育体制问题，同样的体制为什么还有那么多的好学校？如果我们真正提过改革提高了孩子的学习能力，能没有成绩吗？有能力和素质还有成绩家长能反对吗？人民满意了，什么力量能够阻止我们改革。我们要真想改革就必须从内部做起。如果你感觉说信仰太高了，那么就想想我们应该有怎样的良心？为什么通过传统的教育让大部分家长的希望都破灭了呢？

学习杜郎口的十大误区

我们去全国一些名校进行学习,当走进那些硬件条件十分优越、师资力量十分雄厚的学校的时候,就会感到望洋兴叹,望尘莫及,感觉根本学不了。认为他们是优质教育资源的占有者,和我们根本不在一个起跑线上。当我们走进杜郎口这样的学校的时候,一些人还会说,一个连我们条件还不如的学校,有什么好学的?还有一些人说,中国应该改的是教育体制,体制不变,什么也改不了,总之一句话,不能改,改不了。我们的教育究竟应该何去何从?是坐以待毙,还是寻求突破?这是我们面临的重大课题。

杜郎口已经成为中国基础教育改革的代名词,我们说学习杜郎口,就是表明我们要进行课堂教学改革。你也可以不学杜郎口,你也可以谁也不学,自己探索。你不论学不学杜郎口,它都会在改革的十字路口等你,因为杜郎口改革符合人的发展规律,符合教育发展的一般规律。

我们学习杜郎口,究竟应该学习什么?他们敢于摒弃功利主义,把自己的教育面向全体学生的气魄值得我们学习;他们善于把素质教育的理念真正落地的智慧值得我们学习;他们敢于冲破以师为本、以教为本的传统观念的创新精神值得我们学习。他们改革的成果不仅仅是体现在杜郎口的学生受到了良好的教育,更重要的是为中国基础教育改革提供了可以借鉴的蓝本。

到过杜郎口的人无不被杜郎口的课堂所震撼,真正的教育人在这里不但学习了思想观念和方法,同时也吸取了巨大的精神动力。但我们在学习的过程中还存在着许多困惑。

困惑一:杜郎口是一所农村中学,那里没有好的教师队伍,教师素质不高,教师讲不好,所以让学生讲,我们这里的教师个个是大学毕业,我们个个能讲、会讲,我们不能让学生讲,那样会耽误学生学习,影响学习成绩,所以我们不学习他们。其实,这些人还没有真正意识到,教不能完全解决全体学生全面发展的问题,只有在教的主导下的学才能真正实现三维目标。

困惑二:杜郎口是中学,学生有自主学习能力,小学生没有自主学习能力,所以小学不适合搞课改。课改不是什么中学小学的问题,改革主要是落实学生的主体地位,是为了培养学生的能力。全国也有许多小学改革的典型,只不过我们无论中学还是小学,都不能照抄照搬别人的经验,要结合自己的实际,结合学生的年龄特点,进行有效的改革。

困惑三:学习杜郎口可以学习他们的精神、思想和观念,为什么还学习他们的把学生分成组、教室四面挂黑板?你可以不分组,你也可以不挂黑板,那你能够用什么办法实现自主、合作、探究的学习方式呢?任何先进的教育思想和理念都必须通过一定的形式表现出来,没有形式如何承载内容呢?

困惑四:学习杜郎口,那里的学生在学校住宿,而我们的学生不住校,哪有时间预习啊?如果没有预习,我们就没有办法学习他们的预习、展示、反馈的教学模式。假如你认为这种模式是科学的,那么预习应该不是问题。如果学生想预习?会预习,在家和在学校又有什么区别呢?关键是我们如何激发学生的学习动力,如何教会学生学习。

困惑五：全国的好学校很多，我们为什么非得学习杜郎口？杜郎口只不过是其中的一种模式。全国确实有许多好的学校，有的学校我们确实学不了，他们有十分优越的教学条件和一流的教师队伍，他们这些优越的条件在某种程度上说，能够部分地满足学生差异化的需要，而杜郎口和这些学校相比有许多的短板，但他们把学生看作课堂教学的最大资源，变以教为中心为以学为中心，克服了许多教育的短板，在我们教的无奈的时候，实现了学的神奇。

困惑六：杜郎口这种小组学习方式，可以提高中下等生的学习成绩，而对于好学生没有什么好处，会影响好学生的学习成绩。我们应该知道这样的道理：学习的最好方式和最有效的手段就是把不会的教会。"会"分三个层次，第一个层次是会写不会说，第二个层次是会写也会说，第三个层次是不但自己会，还能够把不会的教会。所以帮助别人的同时也提高了自己。

困惑七：杜郎口这种学习模式，的确是能够提高孩子们的表达能力、演讲能力等等，但我们家长要的是分啊！这样乱乱糟糟的课堂，学生没有成绩怎么能够考上重点高中？传统的课堂纪律就是课堂静，静能够解决学生学会吗？如果不能够学会，那样的课堂纪律有什么意义？课堂纪律是为课堂效率服务的，我们应该重新给课堂纪律下个定义。学生在课堂上不论是静还是动，只要学生的课堂精力流失率高就是课堂纪律差，反之就是课堂纪律好，如果保证学生在课堂上的精力流失率低，课堂能没有效果吗？

困惑八：成绩好的学生家长说，有没有能力和素质无所谓，我们就要"分"。成绩差的学生家长说，教师讲我们还不会呢，教师不讲我们就更不会了，所以，我们不赞成杜郎口这种教学模式。我们就要教师讲，如果孩子能学习还要教师，还上学干什么？表面上看是教师讲还是少讲，其实质是教育观念的转变和教学方式的变革,讲只能关注少数学生的片面发展,而在教师的主导下,充分发挥学生的主体作用才能让所有学生在课堂上收获到自己应该得到的东西。

困惑九:有的教师说,我们原来用很少的时间就能够备一节课,现在让我们编制导学案,备一节课需要大量的时间,课改增加了教师的工作量,增加了教师的负担,所以我们不赞成这样的改革。教师都希望自己从事一种有职业幸福感的工作,而职业幸福感在某种程度上说,与我们从事的工作是不是一项有创造性的工作有关,而与教师工作量的增减没有直接关系。如果教师通过课堂改革感受到自己不断提升和学生的进步,就一定能够体会到自己职业的幸福感。教师只要真正投入到改革的实践中,就会真正体会到自己工作的乐趣和价值。

困惑十:现在有许多学生,学习是主动了,在家拿着导学案知道学习了,你不让他学习也不行,他说明天要展示,不会的还要问家长,这不是增加了学生的负担,也增加了家长的负担吗?我一直认为,减负不是单纯的减量。什么叫负担?没有用的事情让你去做是负担,有用的事情你不喜欢做也是负担。如果学生的学习激情和兴趣被调动起来了,学习就不是什么负担了,学习效果一定会好的。

如果不能破解这些困惑,就一定会影响我们的改革进程。囿于预设的问题而裹足不前,无益于问题的解决,所以我们一定要真正认清改革的重大意义,确定改革的正确方向,坚定改革的信心。

我对 20 个问题的回答

我们推行的高效课堂，是对传统课堂的颠覆性改革，实质是一场教育革命。构建以学为中心的课堂教学模式，是对传统教育立场的颠覆，是对传统教育观念的颠覆，是对传统教育模式的颠覆，当然也是对传统教育行为的颠覆，改革的实质是一种利益的重新调整。一场颠覆性的改革，必然引起许多争论，也会出现许多困惑，这些争论和困惑的问题，应该说都是改革初期难以绕过的。

这些问题大致分为四个方面：一是改不改的问题，二是如何认识课改模式的问题，三是观念问题，四是技术问题。这些问题是改革初期遇到的一些普遍问题，实际在我们的实践中，围绕这四个方面，还有许多问题，这些问题不是孤立存在的，而是相互联系的，如何破解这些问题关系到改革的成败。

关于改不改的问题。没有人否认教育现在存在问题，但想不想改、敢不敢改、会不会改、能否成功是困扰很多人的问题。所以，改革是对我们良心和胆量的考验，更是对我们智慧和能力的考验。我们是否有为全体学生全面发展而进行改革的决心，有没有冲破改革过程中的层层阻力的胆量，有没有取得改革成功的智慧和能力就成了我们改革的关键问题。

关于观念问题。打造高效课堂的前提是树立与高效课堂相适应的教育观念。构建高效课堂就必须实现教育观念的三个彻底转变,即由以师为本向以生为本转变,由以教为本向以学为本转变,由以知识为本向以素质为本转变。实现这三个转变是构建高效课堂的基本前提。

关于如何认识课改模式的问题。改革一旦进入实战阶段,技术就是制约课改成功的瓶颈。一些学校想改革,但还是停留在理念的层面上,而没有用一种科学有效的模式去落实,不相信模式的作用,不相信杜郎口等一些课改学校模式的科学性和普适性,所以总强调一切从实际出发、具体问题具体分析,没有真正改变传统课堂的结构,所以课堂教学改革很难深入,当然也很难有大的突破。

关于课改技术问题。我们之所以对一些课堂出现的问题没有破解的办法,一方面是因为我们的观念还没有真正转变,而用传统观念去解决高效课堂问题永远没有解决办法。另一方面,我们没有真正把握高效课堂的精髓,而是从一招一式开始学习,从而陷入了技术主义的泥潭。我们在课堂构建过程中还没有把学生当作课堂教学的最大资源,还没有把利用学生当作高效课堂的核心技术。

我提出这些问题让大家讨论,希望能够起到抛砖引玉的作用,通过大家对问题的思考,一方面寻求破解问题的答案,把改革引向深入。但更重要的是,通过对问题的思考梳理和回答,进一步洗涤我们的心灵,让我们增强课改的紧迫感和责任感;进一步转变观念,真正树立以生为本的教育理念;进一步明确利用学生是高效课堂的最核心技术,进一步掌握破解高效课堂困惑的方法论,让我们在课堂教学改革的路上走得更远。

1. 一切从实际出发,要具体问题具体分析。我们不一定必须学习哪个学校,但要有自己的东西。

"一切从实际出发,要具体问题具体分析"永远是我们的思想方法,但目前这样一个"放之四海而皆准"的真理却成了许多地区和学校不改和不学习先进典型的理由和托词。这里面我们必须弄清这样几个问题:第一,一切从实际出发,教育的实际是什么?面对教育存在的实际问题你出发了吗?第二,学校的具体问题是什么?面对自己的具体问题你分析了吗?你的行动策略究竟是什么?第三,那些课改先进学校的共同特征是什么?我们应该学习他们什么?我们现在的基础教育存在着三个无法破解的问题,即不能实现全体学生全面发展,不能实现学生与教师同步发展,不能实现学生素质与学习成绩的同步提升。这些问题是普遍的,这就是我们要面对的教育实际。面对这样的实际,你为什么还不出发?在分析普遍问题的基础上,要研究你自己的实际,包括学校、教师、学生、家长等等实际问题,通过分析找出这些普遍问题在你这里存在的具体形态,并找出普遍问题之外还有哪些特殊问题,然后找到破解的方法和行动策略。我们做教育就是想让教育回到本真,就是要按照教育规律办教育。现在许多学校都积累了宝贵的经验,这些经验如果上升到理性的层面便具有科学性、普适性和开放性,我们学习他们不是学习具体方法,不是照抄照搬,而是学习他们的科学合理的能够承载先进教育理念的模式,在此基础上我们可以创新,更提倡站在巨人的肩膀上摘星星。一切拒绝改革、拒绝学习先进的想法都是错误的。

　　2. 管理部门的评价标准不变,改革没有办法进行。

　　评价是杠杆,用杠杆做支点制约和牵动全局。过程评价是为了达到我们最后的目标。我们最后的目标究竟是什么?用教育人的话说就是让每个学生都成为最好的自我,让全体学生全面发展。用家长的话说,就是有个好成绩。那么课堂教学改革如果能够达到这样的目的,我们为什么不能改呢？当然我们对过程的评价一定和传统的评价方式有区别，但对于每个学校来说，如果你的评价能够促进教育目标的实现，这样的评价创新就不可能被否定。教育管理部门也应该反思我们的评价，根据改革的需要，改革我们的评价内容和方式。评价不是制约我们改革的真正瓶颈，我们要通过改革，促进教育评价的变革与创新。

3. 中高考制度不变，社会和家长关注的是成绩，所以我们不能以牺牲成绩为代价搞改革。

目前主要以分数论英雄的中高考制度确实存在弊端，这一点毋庸置疑，国家也在逐渐进行改革和完善，虽然说目前的考试制度有许多弊端，但也是被社会最认可的最公平的制度。所以，这种制度目前还会继续存在。社会和家长关注的是成绩，我们进行改革也从来没要放弃和牺牲过成绩，而是以提高学生的学习能力为核心的，当然也包括学生优秀品质和健全人格的培养，我们不怕以任何形式考验我们的学生，其中包括考试。

4. 小组合作式学习方式影响好学生提高，我们国家最需要拔尖人才，改革不利于好学生发展。

小组学习的最大特点就是尊重差异，利用差异，缩小差距。没有人怀疑小组学习方式对基础差的学生会有好处，但总担心对成绩好的学生有影响。其实不然，学习的最好方式就是把不会的教会，好学生在帮助基础差的学生学习的过程，其实就是提高自己能力和完善自己知识结构的过程。什么叫会？会分"会写不会说"，"会写也会说"，"不但会写会说，而且还能够把不会的教会了"这三个层次。如果能够达到第三个层次，便真正掌握了知识。所以好学生帮助别人的过程就是自我提升的过程。

5. 学生是有差异的，学习成绩差的学生就算提高了，也考不上大学，所以改不改革没有用。

教育的目的是让每个学生都成为最好的自我，让全体学生全面发展，而不是为了少数学生升学的功利主义教育。所有的孩子都是我们的服务对象，如果放弃那些成绩不好的学生，本身就是没有良心和责任的功利主义教育。我们承认学生有差异，国家的教育方针也是要求我们的教育要培养合格的建设者和可靠的接班人。我们不能放弃建设者的培养，再者，只抓成绩本身也不可能培养出合格的建设者和接班人。

6. 名师出高徒，教师不讲学生能会吗？不讲或者少讲就是违背教学规律。

名师出高徒不假，关键是什么样的教师才是名师。是不是能讲的教师就是名师？教师教学的目的是什么？是让学生学会、会学、乐学，如果讲能够做到这些，那就是名师。可事实上讲不能完全解决这些问题，那么，如果少讲能够解决这些问题，那怎么能够说违反教学规律呢？其实争论讲与不讲不是问题的实质，问题的实质是究竟坚持以教为中心还是以学为中心。我们不是否定讲，而是提倡教师有的放矢地精讲和点拨。

7. 真正的改革，教师的工作量要加大，工资不多给，教师哪来的积极性？

课改后，教师的工作量加大是事实，但教师的积极性与工作量和工资没有直接的关系。如果我们把教育看作是一种职业，就会斤斤计较工作量和待遇；如果我们把教育看作是事业，我们就会由被动干变成主动干，所以教师的积极性并不是来源于工作量和工资，而是其劳动能否实现自身的人生价值。

8. 现在学生的作业都写不完，还要预习导学案，那不是增加学生负担吗？

我们所提倡的高效课堂的基本流程是预习—展示—反馈，当堂对学习的内容进行反馈检测，而让学生在课后学习的内容，主要是巩固课堂上自己没有完全掌握的东西，而不是像传统课堂那样不论什么水平的学生都做同样的作业，课后主要的时间都是对新知识的预习，也就没有增加学生的负担。再者，如果学生对学习有了兴趣和动力也就不存在什么负担了。

9. 现在许多班级人数都很多，怎么能够进行分组学习？

分组的目的是建立一种学习组织，这个组织形式能够承载我们的自主、合作、探究的教育理念，也只有这样的组织形式才能够实现课堂教学的三维目标。从某种意义上说，就是因为人多我们顾及不了所有的学生，才把学生当作课堂教学的最大资源，按照一定的方式进行分组，人多人少不是能不能分组的理由，关键是建立一种学习组织形式。就好像打麻将一样，不论屋子里有多少人，四个人一组，各玩各的，按照自己的方式构建体系。

10. 有许多学生不爱发言，小组学习还是那些好学生表演，课堂学生的参与度很低。

高效课堂是以小组学习为主要形式的。小组构建与小组文化的建设是高效课堂的关键，对小组内每个学生的评价，对小组整体的评价是激发学生参与课堂活动的主要手段。如果你的课堂没有按照一定的原则科学地构建学习小组，又没有科学的评价机制，课堂上少数学生表演那是正常的现象。也就是说不以小组学习为主要方式的课堂，就是传统课堂，传统课堂只能是少数学生表演。

11. 教师不讲，学生的学习能力有限，有许多学生发言答不到点子上，课堂教学任务完不成。

教师的基本任务是点燃与点拨。点燃学生的学习激情，激发学生的好奇心和表现欲，唤醒学生的自尊心和荣誉感，同时还要对学生跨不过的坎进行点拨。教师不是不讲，是少讲，是精讲，是点拨。如果学生的发言和讨论偏离了课堂目标，教师可以通过追问，引导学生回到正确的主题上来，而不是听之任之、信马由缰、放任自流。再者，我们一定要区分学的进度和教的进度，如果我们完成了教的任务，学生没学会，或者少数学生学会，这样的进度毫无意义。

12. 对学生的课堂评价，刚开始时候学生积极性很高，过一段学生就没有新鲜感了，课堂效果不好。

评价的作用是激发和引导，评价也不是一劳永逸一成不变的，我们想要什么就重点评价什么，学生最在乎什么就评价什么，对不同的学生评价要不一样，对同一个学生在不同的时期评价也不一样。我们只要掌握评价的基本原则和主要作用就可以了，在一些基本原则的指导下评价要灵活，千万不能追求"放之四海而皆准"的一劳永逸的评价方法。

13. 有许多爱说话的孩子，平时教师管还管不住呢，分组后就更没有纪律保证了。

传统课堂有一些孩子没有真正投入到课堂学习之中，所以就爱说话，因为爱动是孩子的天性。高效课堂采用小组合作学习方式，如果小组建设到位，真正让每个学生都投入到学习中，孩子说话是在研究问题，并不是在违反课堂纪律，所以一方面我们不能认为说话就是违反课堂纪律，要重新定位课堂纪律的含义："学生只要是在学习就不是违反纪律。"我们高效课堂提倡展示，不说话怎么展示？另一方面，我们要通过小组成员之间的相互牵制，来控制学生的课堂精力流失率。

14. **学生不住校，没有时间预习，第二天早上学生抄袭导学案怎么办？**

对于每个学生来说，时间都是一样的，不论住不住宿，应该说都有时间预习。问题的关键是学生不在学校住，在没有教师组织的情况下，能不能完成预习？所以，关键不是解决有没有预习时间，而是解决预习的方法和动力。教师要教给学生预习的方法，同时要真正构建一种高效课堂的展示文化，因为展示是学生预习的根本动力。如果我们让学生在课堂上进行展示，学生为了展示而不是为了让教师检查导学案，那么学生还能够去抄袭导学案吗？

15. **学生的发言往往扯得很远，表面上课堂热热闹闹，结果没有学到真东西，考试成绩不好。**

如果给学生充分的时间进行展示，学生的想象空间大了，往往出现远离主题的现象，这是客观事实，对这个问题我们应该正确看待和合理引导。扯得远往往生成许多新的问题，这里面往往有许多有价值的东西，如果时间允许，跑跑题也未尝不可。但如果时间很紧，作为教师就要适时地进行引导，把话题拉回来。

16. **课堂展示的时候，有许多同学都溜号了，只是展示的同学在学，课堂效果不好。**

如何避免课堂展示的时候学生溜号？这还是课堂评价和确定展示内容的问题，我们要将确定有价值的问题进行展示。在别人展示的时候，不展示的同学有两件事情需要做，一个是对展示者的展示进行评价，即他说得对不对、好不好、为什么说得好。另一个就是给展示的同学挑错，进行质疑。我们要把这些内容纳入课堂小组评价和对学生的个人评价中去，这样学生就不会溜号了。

17. 教师上课，管理班级，批改学生作业，没有多余的时间编制导学案。

传统课堂教师确实被弄得疲惫不堪，高效课堂的最核心技术是利用学生，教师是服务者、引导者、策划者，高效课堂应该建立学生自我管理的机制，让学生自我管理，而不是教师死看死守。高效课堂要让学习成为自己的事情，同样也要让管理成为学生自己的事情。高效课堂是当堂达标，也不需要留大量的作业，所以教师应该有时间和精力去编制导学案。

18. 现在有许多课改名校，他们都有自己的特色，是不是都是个性化的东西？

学习课改名校的经验，主要是学习他们具有科学性、普适性和开放性的东西，也就是学习他们的精神、思想、观念、模式，而不是照抄照搬。如果你什么都想学习，一定就会陷入技术的泥潭，形似而无神，陷入模式化的境地，那样的改革是事倍功半的。我们提倡学习先进经验，但不能把细枝末节统统搬来，在学习的过程中要把握好先进模式的开放性，要在他人的基础上不断结合实际进行创新。

19. 课改是为了学生而改，我们做教师的究竟能够得到什么？课改的动力究竟在哪里？

课改是为了学生的发展而改，同时也为教师人生价值的实现搭建了新的平台。教师自我价值的实现就是在发展学生的过程中，也不断提升自我。教师在新的课堂背景下，把时间和空间给了学生，在课堂上可以生成许多新的教师没有预设到的问题，教师为了解决这些问题，一方面要和学生一起研究问题，另一方面还要不断地更新自己的知识结构，不断提升自我，以适应不断变化了的课堂。所以新课堂在成就学生的同时也成就了教师。

20. 课改能够解决教师的职业倦怠吗？教师的职业幸福感到哪里去找？

现在有一些教师存在职业倦怠，没有职业幸福感，原因是什么？原因就是我们的教学工作很单一很乏味，不能体现工作的创新性。如果通过课改，在新的课堂背景下，让教师的专业水平不断提升，更重要的是学生每天都有新变化，教师眼里没有差生，改善师生关系，学生不但获得了知识，还培养了优秀的品质和健全的人格，为将来走向社会奠定了坚实的基础，学生的成功给教师带来了无限的快乐，教师还能倦怠吗？还能没有职业幸福感吗？

课改面临的十大挑战

当前我国中小学的教育改革涉及许多问题，最突出的有两个：一个是人才选拔的机制问题，一个是人才培养的模式问题。这两个问题密切相关——机制决定模式，模式又反过来冲击机制。要真正实现这两个方面的改革，必然涉及课堂教学的改革。教育改革只有进行到课堂改革的层面，才算真正进入了深水区。因为课改不仅仅是要改课，更要以课改为切入点，改变人才培养模式，进而撬动整个教育的变革，因此课改是一场新的教育革命，革命就是利益的重新调整，就必然面临许多重大挑战。挑战一方面是新的教育发展趋势对我们自身提出了新要求，需要我们挑战自我；另一方面就是我们在实现目标过程中要冲破的层层阻力。这需要我们挑战传统、挑战世俗、挑战权威。而我们所进行的课堂教学改革是对传统教育立场、教育观念、教育模式的颠覆与重建，其核心是坚持以师生的发展为中心，坚持以生为本、以学为本这两个基本点。

挑战一：来自功利主义教育的挑战

传统教育是一种目光短浅、急功近利、目中无人、重分轻德的功利主义教育。政府、学校、教师、家长视升学率和成绩为命根子，教育过程违背人性，违背教育规律，不能按照人才培养的模式去搞教育，因此教育不能让人真正成为人，培养出的人才也就不可能适应时代的需要。

新课改强调的是让学生学会学习、学会合作、学会生活、学会做人。要让学生在学习的过程中获得知识和能力，更要培养学生的优秀品质和健全人格。只有让人真正成为人的教育，才能让学生走出校门之后能够更好地适应社会的需要。

能不能搞好课堂教学改革，关系到我们能否实现素质教育，关系到我们能否按照人才培养模式去搞教育，关系到新一代儿童的成长和国家的未来。搞功德教育还是搞功利教育，首先是对党和政府的考验，其次是对校长良心和责任的考验，第三是对教师素质和能力的考验。

挑战二：来自传统教育立场的挑战

教育立场问题是教育的基本问题，也是教育的根本问题，它回答的是教育为谁服务的问题。新课改从根本上说，是教育立场的重新确定。

传统教育实践体现出的教育立场就是只关注少数学生而放弃绝大多数学生，只关注学生的发展而忽视教师的发展，只关注学生的分数而忽视学生的生命发展。

新课改体现出的教育立场就是实现三个统一，即全体发展与全面发展的统一，学生发展与教师发展的统一，成绩的提高与素质的提高的统一。最终目标是要让每个学生都成为最好的自我。

新课改就是这两种教育立场的斗争与较量，课改的推进过程就是不断抛弃旧的教育立场的过程，就是不断确立一切为了学生，为了学生一切，为了一切学生的教育立场的过程。

挑战三：来自传统教育观念的挑战

教育观念来自教育立场，决定教育模式，因此教育观念的重建是新课改的核心内容。新课改本身就是教育观念的转变，是新观念不断战胜旧观念的过程，是教育观念不断重建的过程。

传统的教育观念是：以知识为本，以师为本，以教为本，以成绩为本。

新课堂的教育观念是：以人为本，以生为本，以学为本，以发展为本。

转变教育观念的过程就是用新观念取代旧观念的过程，在这个过程中充满许多冲突与斗争。在教学实践中，转变观念是一件很难的事情，我们往往用旧观念思考新课堂的问题，这样就会出现魂不附体的现象，用教中心的思想思考学中心的问题，永远没有解决的办法。比如我们经常讨论的是教学技术还是教学艺术，诸如此类的问题本身就是教中心的核心内容。

挑战四：来自传统教育模式的挑战

课堂模式的重新构建是新课改的关键，没有新课堂，只谈思想和理念只能是空中楼阁。那么要打破原来的教学模式，就是我们真正意义上的行动革命，也是改革的最关键环节。

传统课堂是一种简单僵化的模式，过分强调教师的作用，过分强调教的作用，过分强调掌握知识，而没有把学生看作是教学的最大资源，没有把利用学生看作是课堂教学的重要手段，采取的方式就是满堂灌，教师讲学生听，不能因材施教，不能关注全体学生，不能解决全面发展。

新课堂就是能够真正承载教育观念的课堂，就是自主、合作、探究的课堂，就是能够实现三维目标的课堂。它的基本模式是预习—展示—反馈。新课堂把学习看作是自我构建的过程，强调学是内因，教是外因，强调一切以学为中心，重新构建教与学的关系，以学定教，以学评教；先学后教，多学少教；学者也教，教者也学；教为不教，教学相长。

新课改是两种课堂模式的斗争与较量，我们现在不缺少教育思想和教育理念，缺少的是能够承载科学教育思想和理念的课堂教学模式。传统教学模式之所以很难突破，一方面人们认为它很有效，另一方面它最简单，所以新模式取代旧模式应该是一个长期的过程，但这种取代不可逆转，这种模式必将成为教学的主流模式。

挑战五：来自传统教育评价的挑战

教育评价具有导向、引领、矫正的杠杆作用。课改应该和评价同行，这样才能不断推动课改健康快速发展。

我们一方面提倡素质教育，构建我们的新课堂，另一方面用一些应试教育的评价体系去评价教育教学，这样就使我们的改革面临着极大的挑战。目前教育的评价体制就是中高考体制，围绕这个考试的指挥棒，各种教育评价体系也都围绕分做文章，这样就使以课堂为突破口的教育改革带着枷锁进行跳舞。

课改要的是高效率和高效益的统一，我们要重新构建评价体系，对教育、学校、校长、教师、学生、课堂的评价体系要打破目前的师本位、教本位、分本位的评价方法，这是我们必须解决的现实问题。

应该说，我们在评价方面的改革也面临着十分严峻的挑战，各级评价部门能否转变观念，能否按照新的标准出台评价体系，直接影响改革的进程。

挑战六：来自传统管理文化的挑战

目前学校管理文化基本上属于一种带有强制性的他律文化，没有真正体现以人为本、以生为本、以学为本、以发展为本的理念。

我们提倡民主管理、科学管理、以德管理的管理文化，课改过程也是教育文化的重建过程，那么传统的教育文化就成为我们改革的阻力。我们要想真正推进改革，就必须冲破传统文化的束缚，重新构建新的教育管理文化体系。

新课堂呼唤新文化，学校文化要以构建课堂文化为切入点，不但要把学习的时间和空间交给学生，还要把管理的权力交给学生，让学生学会自我管理、自我成长、自我发展。通过构建课堂文化重新构建学校文化和教育文化，让学校的浅表文化、行为习惯、核心价值观都体现以人为本。

挑战七：来自传统教育权威的挑战

课改最难改的是传统的名校、传统的名师、传统的专家。他们为什么不支持改革？有人说他们立场难变、观念难转，其实最根本的是他们是传统教育教学的受益者，改革就是利益的重新调整，他们不肯放弃自己的既得利益，所以对改革就不支持，甚至反对。

传统名校升学率高，那是因为那里聚集了许多好的学苗，所以他们整天宣传自己的升学率，他们怕改革影响升学率，他们过分渲染改革的风险，所以不去改革。

传统的专家过分强调教的作用，而忽视了学的作用。他们的观念体系、方法体系、操作体系都是研究如何教。高效课堂强调学是内因，教是重要条件。这样的改革需要他们重新构建自己的体系，他们很难否定自我，放弃他们丰硕的研究成果。

传统的名师都是讲得好的教师，他们靠讲打天下，获得许多荣誉，现在强调教为学服务，那么他们就变成了学生，所以他们不想放弃自己成果。因此，课改实质就是两种体系的较量，即学心中与教中心的斗争与较量。

挑战八：来自社会对升学需求的挑战

课改在一些地方之所以很难推进，一个主要的原因就是他们认为搞素质教育会影响成绩和升学率，他们不相信新的教学模式能提高成绩，迷信传统的教学方式是获得高分的最有效途径。

新课堂强调以学为中心，注重学生学习能力的培养，课改成功的学校，没有因为课改而成绩下降的。应该说学生学习能力的提高为学习成绩的提高提供了保证，担心课改影响成绩和升学率是没有道理的。凡是真正改革的成绩没有下降的，凡是成绩下降的都是没有真正改革的。

课改本身是在教育观念转变基础上的课堂结构的重建，课改本身也是技术，那么当教师没有真正掌握这项技术之前，学生也许不太适应，学习成绩暂时的下滑也是正常的，但随着改革的深入成绩会大幅度提高，所以我们要缩短这个成绩下滑期的时间，保证改革顺利推进。

挑战九：来自教师角色转变的挑战

新课堂呼唤新教师，强调学而弱化教，并不是弱化教师的作用，相反必须强化教师的作用。新课堂对教师提出了更高的要求，新教师不但要有真情、有激情、有才情，更重要的是要找到自己的位置，实现教师角色的转变。

课改必须变成教师自己的事情，课改必须发生在教师身上，课改必须按照规律和自己的方式进行。教师角色不变，课堂就不会变，教育也就不会变。

传统的教师是学生学习和教育的统治者，是课堂的主宰者，教师一言堂、满堂灌，处于高高在上的地位。传统课堂过分强调教的作用，经常说名师出高徒，要想给学生一杯水就必须自己有一桶水，而现实是高徒不一定有名师，名师也不一定出高徒。任何教师在学科面前都是非常渺小的，一桶水也不可能满足学生的需要，教师必须带领学生找到水源。

新课改通过转变教师角色的办法强化了教师的作用，教师变成了学生学习的组织者、设计者、引领者、服务者。教师的作用是点燃学生的激情，在关键的时刻能够给予学生必要的点拨，也是学生学习条件和学习资源的整合者，让学生充分利用学习资源进行自我构建，构建知识体系、能力体系、道德体系。

挑战十：来自家长不理解的挑战

有许多学校之所以很难进行课改，就是因为家长的不理解和反对，甚至上访，致使改革停滞或者夭折。家长为什么反对课改？当然是因为家长担心学生学习成绩的下滑，没有好成绩就不能考上好学校，所以家长就担心改革会影响成绩。我们虽然强调课改不会影响成绩，但家长不想让自己的孩子做改革的牺牲品，往往是改革还没有开始，家长就提出了反对意见使改革难以实施。

如果我们要改革就必须争取家长的认可与支持，让家长树立正确的人才观和正确的教育观，同时我们的改革也要循序渐进，尽力保证学生的成绩不下滑，让家长慢慢接受改革、支持改革。

当然课改还面临着许多挑战，这里只是对课改实践中遇到实际问题进行了梳理，这些挑战决定了课改的长期性、复杂性、艰巨性。我们必须做好充分的思想准备，坚决打赢课改攻坚战。

第九章
思想和行动的辩证法

　　我们不能用理论裁剪现实,而是要在实践中研究理论,在实践中发展理论,指导实践。我们更不能光说不做,要真正提高执行力,要言必行,行必果,真正做一个理论和实践高度统一的教育工作者,不断推动我们的事业向前发展。

功德与功利

教育的最大问题是教育的功利主义，功利主义就是以追求分数为简单目的的教育。教育功利主义毁了学生、毁了教育、毁了民族。党中央、国务院站在民族未来发展的高度提出了素质教育的战略决策。为了落实素质教育的战略决策，教育部提出了新课程改革的重大举措。可到了今天，我们为什么还在应试教育的道路上一路狂奔？有的人会说，中国的中高考制度不变，素质教育就不可能成为现实。那你怎么解释像山东杜郎口中学这样的学校，他们不也是在同样的制度下搞教育吗？我们为什么总是把素质教育同学习成绩对立起来呢？有学习能力难道能够没有成绩吗？

我们何尝不想实行功德教育，把素质教育的战略决策落到实处？可到处都是功利主义的大棒子，打着办人民满意的教育的旗号向你扑来，所以课堂教学改革其实质就是功德教育与功利教育的斗争。

当我们要关注全体学生全面发展，要从最后一名学生抓起，让每个学生都成为最好的自我的时候，功利主义者就会理直气壮地问我们："你的改革影响了升学率你能负起责任吗？"

当教学改革能够让中下等的学生的成绩有很大幅度提高，而好学生的成绩也不会下降的时候，功利主义者会投来鄙夷的目光，问我们："那些考不上的学生成绩提高也考不上，你们费那个劲有什么用？"

当我们提倡用新的课堂模式去培养孩子们能力和品质的时候，那些功利主义者，就会声嘶力竭地对我们吼："你们不要总关注那些老百姓不关注的东西，你们知道老百姓最关注的是什么？就是分！分高了，就是人们满意的教育。"

当我们刚刚进入改革的初期，那些功利主义者就忙着向我们要分，他们会理直气壮地和我们说："你们不说这种改革能大幅度提高成绩吗？现在就考试，看看你们的成绩？"成绩如果好了，他们会说，这样的乱课堂学生成绩都能好，说明学生的潜力很大；如果成绩没有大幅度提高，他们就否定我们的改革。

当我们实行新的教学模式，这种课堂教师比原来的工作量要大，但是教师可以从学生的变化中体会到工作快乐的时候，功利主义者会说："传统课堂教师没有那么累，也有成绩啊，为什么还要让教师累呢？"

当我们把目光投向每个学生的时候，功利主义者会神秘地告诉我们："你们怎么那么傻，你们应该学习一些先进的学校，如何挖学苗，如何给好学生'吃小灶'。"

当我们天天扑进课堂和教师研究如何提高课堂效率、改变师生的生存状态的时候，一些功利主义者会说："你们就是不务正业，教学是教师的事情，教育行政部门应该抓大事情。"我们真不知道教育的大事情是什么吗？难道教育还有比课堂更大的事情吗？

当我们为深化改革而苦思冥想并脚踏实地、苦苦探索的时候，功利主义者总是投来功利的浑浊的目光窥视我们透明的心灵，然后就得出我们的心灵是浑浊的结论，好像我们和他们一样，也是出于功利主义的目的。

功利主义者不想花费更大的精力换取全体学生的全面发展，他们经常表现为表面浮躁、形式主义、急功近利,他们惯用的手法是打着红旗反红旗,手里举着办人民满意教育的旗号反对改革。中国教育如果不推翻功利主义,素质教育就是一句空话。

"学"与"教"的辩证法

我反复思考这样的问题：究竟什么是学生成长与发展的内因？学生的成长与发展的外因又是什么？"教"在学生成长与发展过程中究竟起什么作用？教师究竟起什么作用？我们为什么总是在"讲与不讲"和"多讲与少讲"这个问题上纠缠不清呢？

按照唯物辩证法的观点，学生本身是自我成长的内因。俗话说，师傅领进门修行在个人，说的就是这个意思。学习本身就是学生的天性，孩子的好奇心产生了对外界事物的兴趣，然后学习就发生了，学习本身就是在外界的刺激下的学生自我构建的过程。构建什么？构建知识体系，构建能力体系，构建认知方法体系，构建情感体系。如果在自我构建过程中取得了成绩，他就会表现出来，即展示给他人，如果得到了认可，得到了别人的认同就会有一种荣誉感，增强信心，增强兴趣，学习就会取得良好的效果。所以说学习是学生自我成长的内因。

学生成长的内因决定着能否健康快乐成长，一切教育所提供的条件就是学生成长的外因。当然包括家庭教育、社会教育和学校教育，而学校教育更是学生成长的重要外因。学校教育不但要为学生成长提供优质的环境，还要整合家庭教育和社会教育资源为学生的健康成长提供优质的环境。

在学生成长的所有外部条件中，教师是一个十分重要的条件（甚至是最重要的外因）。教师的重要任务是"教"，那么"教"就是"学"的重要外因，即重要条件，但是"教"无论多么重要也代替不了学生的"学"，"教"只有变成真正的"学"，才能起到真正的作用。那么，教师如何使自己的"教"变得有价值呢？一是要挖掘和保护儿童的好奇心和表现欲，即点燃儿童心中的那团求知的欲望；二是在课堂上去整合和利用学生学习的条件；三是点拨学生通过自主、合作、探究没有学会的知识。

　　点燃需要的是爱心、责任和艺术。好的教师就是总能激发学生积极性、主动性和创造性的教师。这样我们也许会明白为什么有的教师专业水平不是很高，但学生的学习成绩却很好的原因了。

　　整合需要教师彻底转变观念。如果不谈课堂外的教育资源，就课堂本身的资源来讲，课堂教学的资源是什么？我们往往把教师看作课堂教学的最大资源，也有人把教学条件即教学设备看作课堂教学的重要资源，但我们却忽略了一个最大的最重要的课堂教学的资源，那就是"学生"。现实教育中，有多少名师教不出高徒，有多少学生超过教师，有多少硬件条件不好的学校教育教学质量却很高……如果我们把学生当作课堂教学的最大资源，就会把利用学生作为高效课堂的重要手段。

　　点拨需要有高素质。我这里说的高素质，也不是说教师必须什么都会，你要帮助学生把握学科的知识体系，掌握学科的研究方法，这是最根本的东西。我们经常说，要想给学生一杯水，自己必须有一桶水。其实在现代信息化的时代，有许多学生知道的东西教师都不知道，也就是说你恐怕在具体知识方面很难满足学生的需要，那么，教师的任务是什么？就是带领学生找到水源。

　　这样一分析，我们就会明白学生自身的学是学生自我成长的内因，而包括教在内的一切教育环境和手段都是学生成长的外因。内因是根据，外因是条件，外因通过内因起作用。一切事物的发展改变，根本上是由其自身内在的因素（内因）决定的，而外部的环境（外因）只是影响事物的改变，虽然这种影响有时候还很大，但是它绝不能从根本上决定事物的发展趋势；而且外部环境要发生作用还要看主观内在是否会受其影响，说到底还是要通过内因起作用。

教育是什么？教育就是要为学生成长提供优质环境的重要条件。

教师是什么？教师就是整合教育资源，并通过外因让学生内因起变化的那个整合者。他的基本任务就是点燃、整合和点拨。

我们靠无限扩大教育外部教育资源的方法去满足学生差异化的需求，靠改善办学条件的办法来提高教育质量的办法都是有限的，唯一的巨大的永远也挖掘不完的资源就是学生本身。

目前的教育仅仅盯着改善办学条件，仅仅盯着研究教材，仅仅盯着研究教师，仅仅盯着学生的分，应该说教育已经误入歧途，是目中无人的丢人的教育；不注重培养学生的道德，因此是缺德的教育。我们必须按照辩证唯物主义的方法论要求重新思考教育，改革教育模式。不要说国家的教育体制机制不变我们就没有作为，同样的体制与机制，全国许多学校的改革都已经成功了，就看我们有没有那个能力。也不要说怕成绩下滑，会学习爱学习的学生能没有成绩吗？如果成绩下滑了，恰恰说明你不会改或者没有能力改好。

坐而论道与做而论道

"道"就是规律，规律就是事物在发展变化过程中本身所固有的本质的必然的联系。"道"必须来源于实践，又能指导实践。不是从实践中总结的理论，只能是空洞的理论，不能指导实践，只能是空中楼阁、水中月、镜中花，也经不起实践的检验。这样的理论也不能称其为"道"，在理论上是错误的，在实践上是有害的。

坐而论"道"的表现之一：有一些专家学者，他们不进学校，不进课堂，在办公室和图书馆里夜以继日地研究，然后就著书立说，就到处讲学作报告，有时还能赢得一些掌声，这些人其实就是在坐而论"道"。你听他们说的，要么就引经据典，要么就是古今中外教育家思想的大拼盘，听起来还头头是道，其实没有自己的东西。这种理论，没有从实践中来也不可能回到实践中去，所以只能是在报告会上有用。我们反对这种坐而论"道"的做法。

坐而论"道"的表现之二：一些专家学者把自己的理论硬往实践上去套。现在有许多学校，大胆改革，不断创新，取得一些令人欣慰的成绩，然后这些专家学者马上就出来进行总结，用这些成功的案例去验证自己的理论的正确性，其实是生搬硬套，这些活生生的实践和他们的理论之间没有必然的联系，他们不是真正研究典型的成长规律，而是用典型来为自己的所谓理论服务，这种坐而论"道"更是令人气愤的。

坐而论"道"的表现之三：一些专家学者说的确实是真理，但他们却忘记了任何真理反映的都是事物发展的最普遍最一般的规律。在具体的工作实践中，还有许多具体的东西，还有许多鲜活的东西，他们不顾这些事实，生搬硬套，甚至用理论裁剪现实，而不是在普遍规律的指导下，具体问题具体分析，结果搞教条主义、本本主义，更谈不上在实践中丰富和发展理论，结果他们扼杀了理论的魅力，实践上也是失败的，甚至让人们怀疑理论的科学性。

坐而论"道"的表现之四：他们光说不做。都是纲领，都是战略，都是目标，没有方法，没有途径，没有实践。他们整天开会，整天研讨，整天培训，到总结的时候，说得冠冕堂皇，但没有什么实践，更没有什么成果，就是瞎吹一通。我们必须牢记想到和得到之间的环节是必须做到，一沓纲领性文件也不如一个行动，他们没有务实的作风，喜欢做表面文章。这种做法，怎么能办好让人民满意的教育呢？

我们坚决反对坐而论道，我们提倡做而论道，就是深入学校、深入课堂、深入教师、深入学生，在行动中总结教育规律，真正给教师提供有思想的技术和有技术的思想，让教师不但掌握教育理论和理念，还要让教师掌握科学的教育方法和有效的教学模式。让理论通过模式落地，让模式真正承载科学的思想。我们不能用理论裁剪现实，而是要在实践中研究理论，在实践中发展理论，指导实践。我们更不能光说不做，要真正提高执行力，要言必行、行必果，真正做一个理论和实践高度统一的教育工作者，不断推动我们的事业向前发展。

真干事与干真事

建设一支高素质的校长队伍是教育发展的关键。我们提倡建设一支理论型、专家型、开拓型、魅力型的校长队伍,其目的就是为教育改革提供坚强的组织保证。

现在有三种类型的校长:一种是不干事的校长,一种是真干事的校长,一种是不但真干事,而且干真事的校长。

不干事的校长。虽然很少,但他们的影响却极坏。他们也曾为教育做出过一定的贡献,但时间长了,就没有了激情,没有了责任,没有了提升,没有了创新,整天忙碌一些事务性的小事情,不进课堂、不搞教研,眼中没有教师,没有学生,不关心学生和教师的发展。有的还忙于一些迎来送往,像一个社会活动家,而且还美其名曰:当校长真累真难啊。这样的校长是教育的祸害。

真干事的校长。他们有激情,有责任心,不断学习,不断研究,努力工作。但他们传统观念根深蒂固,没有真正树立与现代教育发展相适应的教育思想和教育观念,甚至有的还相当顽固,观念很难改变。他们抱着传统教育观念和模式不放,不能真正按照教育规律办真正的教育,在传统教育的歧途上越走越远。当然这种校长中不乏有一些所谓名校校长。所以我认为他们是真干事,但不是真正按照学生身心发展规律干真事的校长。

干真事的校长。他们不但想干事,真干事,还能干真事,干成事。他们有高度的历史责任感,对教育事业充满激情,掌握科学教育理论,努力探索科学教育新模式,不计得失,淡泊名利,大胆改革,勇于开拓创新。他们是中国教育改革的中坚力量,引领着中国教育改革,代表着中国教育发展的方向。

为了我们事业的发展,为了对孩子发展负责,对待不同类型的校长,要采取不同的态度。对那些不干事的校长,要清除出干部队伍;对真干事但不能按教育规律办教育的校长要不断引导,不断推动他们做正确的事情,把事情做正确。我相信,他们绝大多数是可以改变的,是可以成为教育发展的中坚力量的。对待干真事的校长必须大力弘扬,教育主管部门要为干真事的校长服务,扫除他们前进道路上的种种障碍,遇山开山,遇河架桥,为他们成长为教育家创造条件。

教育的"道"与"术"

"道"乃规律，只有掌握规律，做事情才能简便，才能成功。"术"乃方法，只有掌握方法，才能行其道，将理想变成现实。

教育的道，就是科学的教育思想和先进的教育理念。教育的术，就是遵循教育规律的科学操作方法，或者简单地说就是教育教学模式。

现在我们对教育的"道"和"术"都有大量的研究，包括现在投入的大量的教育科研，也都是在做这些事情。但现在的研究存在一些不容忽视的问题就是研究的质量不高，主要表现在：有道不深、有术不实、道术不合。

有道不深。我们现在有许多研究教育理论的专家，确实很有建树，在教育科学研究方面做出了重要的贡献。但也有许多所谓的专家学者，他们成天著书立说，说的话都是古今中外那些大教育家早就说过的话，他们为了研究而研究。这些研究成果，上不着天，不能影响教育决策；下不着地，不能影响教师的成长和发展。所以是有道不深。

有术不实。现在也有许多研究方法和模式的，甚至也包括我们拿出大量的人力、物力、财力搞教育科研，但拿出的成果，根本不具有普遍的适用性，一旦离开了一定的环境和土壤就没有生存的可能性，现在对教育方法与模式的研究，严重存在不实用的问题。

道术不合。其实我们现在并不缺少教育思想和教育观念，真正缺乏的是实现我们教育理想、教育思想、教育理念的方法和模式，也就是如何让思想和观念通过模式真正落地。有许多研究方法的人，他们没有提出真正合乎道的方法，如果用这些方法指导实践，走不远，也飞不高。我们呼唤来自一线的行动研究，贯通理念与实践，真正解决"术与道合"的问题。

当今时代，呼唤真正有时代责任感、淡泊名利的大教育家，拿出影响决策，影响教师观念的教育研究成果，呼唤那些想真正有所作为的教育专家，深入学校，深入课堂开始行动研究，拿出术道统一的模式来，让教育实现快速发展，让我们的国家早日成为教育强国。

利令智昏与情令智昏

我们经常说的一句话："不能利令智昏。"意思是说，我们作决定、办事情的时候，千万不能被心中的个人利益所驱动，让自己的头脑发昏，作出错误的判断和决定。这实际是告诉我们作决策应该坚持正确的立场。这里说的"利"就是利益。通常说的"利"往往被人们理解成物质的利益，甚至简单地理解成金钱。所以，就有了见利忘义、利欲熏心等等说法。其实，我们不能把利益简单理解成物质和金钱，要把利益分成私利、小集团利益、整体的利益。

我们如果心中装满私利，一切以"我"为中心，以"私"为半径去画圆，使我们的一切活动都为了自己的私利，这是典型的利令智昏。还有一种表现方式就是以少数人的利益为出发点，比如现在的教育，教育局、学校、教师为了提高升学率，天天盯着那些成绩好的同学，而放弃绝大多数同学的发展，这也是利令智昏。所以，要想避免利令智昏就必须心中装着全体学生，不能放弃任何一个学生，要从最后一名抓起，让全体学生全面发展。

利令智昏是我们作决策办事情必须避免的，但我们还要避免另一种倾向，就是情令智昏。什么是情令智昏？就是情感使我们的头脑发昏，作出错误的判断和决定。这种错误更应在工作中必须注意和避免。情令智昏往往指的是那些恋爱中的青年男女，有人说恋爱中的人智商为零，说的就是这个意思。其实，情令智昏在现实生活中根本不是那些青年男女的专利。

我们在工作和生活中经常犯这样的错误，常常会相信那些和自己感情好的人的建议，而排斥那些和自己意见不同、感情一般的人的意见，如果我们的判断和决策披上情感的外衣，我们往往作出错误的判断和决定。再者，情令智昏也同样存在这样的问题，我们的情究竟应该"系"在哪里？如果我们的"情"系在自己的身上，"系"在和自己情感好的人身上，"系"在少数人身上，我们就很难避免情令智昏。

对于教育来说，我们一定要心系全体学生，每个学生都是家长的希望，都是民族的未来。我们不能把"情"专门给那些成绩好的学生，而冷落那些成绩不好的学生，要用真爱让每个学生快乐成长、健康成长，要弃小爱而施大爱、真爱，这样我们想问题、办事情就会头脑清醒，就会科学合理。

总之，利令智昏和情令智昏都是我们科学想问题、正确作判断、做决策的敌人，我们要有宽广和大爱的胸怀，避免判断的失误和决策的错误，利令智昏和情令智昏都会给教育事业造成损失。

浮躁与激情

  中国教育正处在一个历史的拐点，正处在一个伟大变革的时代。许多人在这变革时代的乱相中缺少辨别是非的能力，把激情说成浮躁，把浮躁说成激情，把消沉说成低调，让这个时代缺少了积极向上、奋发有为的精神。

  社会的喧嚣与浮躁早以蔓延到教育，到处可以看到浮躁的影子。各种各样名目繁多的培训，各种各样冠以大名的会议，各种各样流于形式的检查，各种各样的形象工程。仔细看看这些东西究竟与学生的发展、教师的发展、教育的发展有多大的关系？没有实效的眼花缭乱的浮躁现象比比皆是，明明知道这些东西没有用处，为什么还津津乐道地去做呢？大概都是功利主义在作怪。这些东西已经严重地影响了教育的发展。教育一旦被功利主义绑架，它就会浮躁起来，就会离开它的本真，教育就不可能担当起振兴民族的重任。

  一些真正有教育良知的教育人，他们敢于担当，敢于大声呐喊，敢于创新，敢于实践。他们想改变中国的教育现状，努力让教育回归本真。一些带有世俗眼光的人，把他们的呐喊说成喧嚣，把他们的实践说成浮躁。而他们敢于挑战传统，挑战权威，挑战世俗，挑战自我，敢于重新构建教育理论，敢于构建符合人性的教育模式。在许多人哼着潇洒曲的时候，他们仍然唱着教育发展的奋斗歌。

激情与浮躁的外在表象往往一样，但本质是不同的。激情是一种理智的疯狂，而浮躁往往是急功近利的狂热。激情是建立在理智基础上的有效行动，提出符合教育规律的行动策略，并脚踏实地去实践。教育的浮躁不是从学生和教师的发展出发，而是追求一种个人和集团的利益，去搞一些不符合教育规律、甚至反科学的东西。浮躁害了中国的孩子，害了中国的教育，当然也害了民族的前途。

一些带有世俗眼光的人，往往把有激情的人说成唱高调。真正干事业需要高调，有激情的人唱出的高调是理想，是目标，是前进的号角，他们的高调是从心底发出的冲锋号，唱出的时代主旋律。而浮躁者唱出的高调是为了获取功利的时代杂音，他们不是站在发展的立场上从心底发出声音，而是从嘴里喊出华而不实的口号。我们需要真正的呐喊者，反对浮躁的不切实际的口号。

我们要时刻记住，发展是硬道理，但硬发展没道理。让我们这个时代多一些理智的激情，少一些功利的喧嚣和浮躁。只有这样，我们才能迎接一个伟大的教育变革时代，教育才能担当起振兴民族的伟大使命。

第十章
我的教育教学微语录

我们不怕别人指手画脚,因为我们没有时间去顾及他们的态度,需要我们做的工作太多了,但必须时刻注意前进路上的绊脚石,因为他们会让我们跌跟头,影响我们前进的速度。

微语勉教师

◆理论像天上的云彩,只有和大地的地气相接,形成降雨,才能哺育万物。

◆我告诉一线教师,如果你的教育是成功的,你就自觉不自觉地运用了科学的教育理论,如果那些专家和你谈理论,你和他们手里的理论相符,就是英雄所见略同;如果不符合,你就应该怀疑他的理论是不是科学。

◆不管你在前进的路上有多少挫折或者进度多慢,你仍然比那些没有出发的人领先。

◆我们不能依据很少的信息就去判断一个人,应该从他们的处境解读他们做事的原因和方式。

◆看一个人是否富有,你必须知道他身上究竟有多少金钱买不到的珍贵的东西。

◆心中的信仰就像指路的明灯一样,有了它也许我们会走弯路,但绝不会迷路。

◆抱怨只能使人颓废,它不能解决问题,只会把自己伤害得更深。

◆当一个机会到来时,如果你感觉不舒服,只能说明你还没有准备好。

◆如果你想拥有生活中从没有过的东西,你就需要做一些你从没做过的事情。

◆一群不走路的人，专门观察走路的人身上的尘土和泥点，然后他们就会说你身上很脏。

◆当别人没有能力折断你的翅膀的时候，你才算有了飞翔的本领和能力。

◆当你和别人斤斤计较的时候，说明我们还不比别人强，我们要真正做到不和别人斤斤计较，唯一的方法就是不断提高自我。

◆当我们准备登山时，要先看看自己是不是想登眼前这座山。

◆世界上所有走不通的路都是因为我们的思想还没有通。

◆走向树林之前，不要先被你心目中的老虎挡住了出发的道路。

◆使人疲惫的不是远方的高山，而是鞋里的一粒沙子。

◆从他的眼神看他心术；从他的对手看他实力；从他的朋友看他的价值。

◆不要同一个傻瓜争辩，否则别人会搞不清到底谁是傻瓜。

◆不要等到有把握才开始创业，要在有希望时就开始。

◆利令智昏和情令智昏是我们成功路上的两条美女蛇。

微语话课堂

◆凡是能够发生学习的地方都是课堂。所以，我们研究课堂，不要局限于学习的空间，更重要的是研究学习组织形式和学习方式的变革。

◆中国教育不论怎么改革，如果课堂不变，就永远没有前途。

◆课堂就是教育的圆心，围绕圆心，不同的半径有许多的圆，要以圆心为核心研究教育的诸多问题，而不能偏离核心去反复研究外围的东西。

◆现在有两种假高效课堂：一种是把应试教育做到极致，另一种是用传统教学观念和高效课堂形式结合生成的怪胎。这两种形式都是伪高效课堂，都属于我们打假的范畴。

◆有许多学校还在那里搞所谓的特色，把素质教育的希望放在课堂之外。我们必须懂得素质教育在课堂，学校的最大特色应该是课堂。

◆课堂是教育的主战场，课堂是教育的生命，打造高效课堂是教育永恒的课题。

◆课堂是教育的支点，谁抓住了课堂谁就抓住了教育的"七寸"和牛鼻子。

◆教育最重要的事情或者说唯一重要的事情就是课堂。

◆传统课堂到了非改不可的地步，传统课堂颠倒了主体与主导的关系。

◆课堂模式的变革实质是现代教育理念与传统教育理念的拼杀与搏斗。

◆谁先认识了课堂的重要性,谁就先出发,谁就先成功。

◆坚持以教为本只能对传统课堂进行改良,只有坚持以学为本才是真正的改革。

◆高效课堂是个教育概念,不仅仅是课堂概念,我们是想通过能够承载科学教育思想和观念的行动模式的推动,以课堂为突破口,实现教育的整体变革,想从教育的最核心进行突围,实现教育的真正突破。

◆我们不要低水平的教育均衡,也不能满足于教育硬件的均衡,教育的真正均衡必须是内涵均衡,内涵均衡必须靠素质教育来实现,素质教育的突破口是课堂改革,只有学得均衡才是真正的教育均衡。

◆一些先进国家的教育人,一定在嘲笑我们,因为我们使出浑身解数,甚至浴血奋战搞的课堂教学改革就是他们的常态课堂。

微语谏校长

◆任何弱化教师作用的理论和实践都是错误的。教师角色转变，不是弱化教师的作用，而是通过角色转变强化教师的作用。

◆在学校往往出现这样的现象：班主任能力强，科任老师弱一些，学生的成绩也很好。其实班主任只做一件有价值的工作，就是调动了学生的自主学习积极性。

◆现代教育技术进入教育领域，但没有促进教育方式的变革，这其实就是一种浪费。

◆不要天真地认为，只要我们是对的，就会人人支持我们；更不能天真地认为，我们想做正确的事情就能把事情做正确。

◆想干事的人，值得我们尊重，能干事的人值得我们佩服，能把事干成的人就是我们的榜样。

◆只要我们有信仰，任何阻力和压力都会变成我们的强大动力。

◆只要方向正确，只要脚步不停，我们就会逐渐逼近目标。

◆有的时候，现实会逼迫我们放慢脚步，甚至逼迫我们停止脚步，但只要我们心中有目标，暂时的停止就像是上帝赐给我们的小憩，歇过之后我们更会精神百倍，速度会更快。

◆别人遇到的我们也许都能遇到，别人遇不到的我们也许也能够遇到，只要是现实，我们就要面对。

◆只要立场相同,观点就能统一,即便是方法不同,也会殊途同归。

◆当我们太投入地奔向目标的时候,也许没有注意道路上的许多沟壑和路边的荆棘;当我们跌了跟头或者划破了身体的时候,才清醒和冷静。其实,我们应该拿出一定的精力处理路面的沟壑和路边的荆棘,那样前进的速度会更快。

◆想干事的人会把阻力变成动力,不想干事的人会把动力变成阻力。

◆只要我们真正想干事情,任何阻力比起我们崇高的信仰和强大的内心都算不了什么。

◆真心的尊重与理解也许是把阻力变成动力的最好桥梁。

◆对于真正做事的人来说,他会永远感谢和记住那些为自己把握方向和给予精神力量的人们。

◆把自己科学的想法变成科学的决策,把科学的决策变成群众的自觉行动永远是做成大事的关键。

◆我们面前出现黑暗的隧道的时候,我们千万不要把希望寄托在别人身上,因为你想前进就必须自己穿越,但别人给你的方法和精神力量会是你穿越隧道的照明灯。

◆当功利主义的小人说我们变态和偏激时,我们就应该心花怒放,因为这标志着我们在理论和实践上真正有了新的突破。当我们得到他们表扬和认可的时候,我们不但感觉耻辱,更要反思因为我们还没有真正的突破,我们要继续向小人指引的反方向快速前进。

◆我们为什么总是机械地理解一些问题,比如"10+35"的课堂模式的提出,这不仅仅是个数字概念,它实际上告诉我们的是少讲多学,是个教学观念的突破。

◆任何强大的自信和执着都来自于信念和实力,胆大的成功者必然是艺高者。只有艺高胆大者方能引领教育。

◆领导的基本含义是领和导，领必须走在前面，导必须是内行。领导教育必须有政治家的胆略和智慧，同时还必须有教育家的素质和能力。

◆我们喜欢这样的领导，给我们一个正确的方向，给我们一个心灵的力量，给我们一个施展的平台，给我们打通前进道路上的隧道。

◆那些把应试教育搞到极致的学校，认为自己是正规军，仍然在大摇大摆，不可一世，而把那些真正搞素质教育的学校看作是当年的弱小的"八路军"，但我们千万别忘了，当年的"八路军"才是解放劳苦大众的革命队伍。

◆和小人斗争的最高策略就是置之不理，你理他了，他就胜利了，因为他的目的就是耽误你的时间，让你前进的速度慢下来。

◆光有方向和速度还不行，我们还得学会跨栏，因为前进的路上有许多路障。

◆我们不怕别人指手画脚，因为我们没有时间去顾及他们的态度，需要我们做的工作太多了，但必须时刻注意前进路上的绊脚石，因为他们会让我们跌跟头，影响我们前进的速度。

微语诚同行

一诚有度

◆度是什么？度就是事物发展变化的关节点，把握度是做好工作的关键。

◆我们该做的事情，你在不应该做的时候做了，也许就会事倍功半。如果人的因素不具备，一切美好的东西都不能变成现实。

◆我们该做的事情，你在不应该做的地方做了，也许就会功亏一篑。如果一个地方的文化背景不具备，真理也会通过实践变成谬误。

◆我们在需要坚持的时候，你却放弃了，就会前功尽弃，因为这个最难坚持的时候，也许就是事物发展的关键点，往前走一步，也许就到了成功的彼岸。

◆我们在不该坚持的时候，却舍不得放弃，有的时候，暂时的放弃也许是最好的坚持。只要我们心中始终装着目标，目的就一定能够达到。

◆该走弯路的时候，我们如果不暂时改变方向，这里也许是一座不可逾越的大山。要向水那样，绕过大山，奔向理想的大海。

◆我们心中要始终盯住目标，抓住最主要矛盾，但有的时候次要矛盾也会上升为主要矛盾，这个时候，千万不要忽视我们认为不重要的东西。

◆任何事情在全局中的定位都是客观的,而不是主观的,那么,就要根据事物的客观定位决定我们的投入才是科学的。做过了和没有到位都是错误的。

◆什么时候也不能把事情看绝对了,什么时候也不能把话说绝对了,什么时候也不能把事情做绝对了,因为我们的认识是有限的。

◆该慢走的时候你快走了,容易跌跟头;该快走的时候你走慢了,容易失去机遇。所以快慢有度方可成功。

二诫突破自我

◆科学定位人生,突破自我。我们有什么样的人生定位,就会获得什么样的人生,所以我们必须树雄心、立壮志。

◆克服自我设限,突破自我。我们不能总给自己设定许多条条框框,不要总给自己套上金箍罩,冲破这个框框,就一定是一片新天地。

◆唤醒心中的巨人,突破自我。成功者和失败者的区别就是能否唤醒自己心中的巨人,人的潜能是无穷的,关键是我们如何唤醒它。

◆打破心中的瓶颈,突破自我。记住一位作家的话:"自己被自己说服了,是一种理智的胜利;自己被自己感动了,是一种心灵的升华;自己把自己征服了,是一种人生的成熟。大凡说服了、感动了、征服了自己的人就有力量征服一切挫折、痛苦和不幸。"

◆敢于丢掉人生的负荷,突破自我。每个人都生活在充满诱惑的社会里,必须明确我们究竟要什么,不要被路边的风景所迷惑,要放弃别人不能放弃的,才能轻松地走向目标。

◆塑造心中最好的自我，突破自我。一个人相信自己是什么，他就会是什么。一个人心里怎么想，就会成为怎样的人。

◆开放自己的心灵，突破自我。我们不能让自己的心灵成为一片荒芜的孤岛。我们要用自己的宽广的胸怀去爱周围的人，以换取他人对我们的支持，形成强大的合力，去实现我们的目标。

◆抛弃功利主义，突破自我。如果一个人总是为了自己的利益而活着，那么就会做出许多急功近利的事情，我们一定要为人民的利益真做事，做真事，方能做成事。

◆放弃和小人的争吵，突破自我。千万不能和小人一般见识，因为他心中只装着"我"，而我们心中要装着整个世界，小人把自己当作世界，而我们要把世界当作自己。

◆抛弃心中的不能，突破自我。在我们的人生字典中一定要抛弃"不能"二字，只要我们目标正确，目标明确，就不要管路途究竟有多远，而要破除一切阻力，奋勇前进，一步步逼近目标，直至成功。

三诫一叶障目

◆情是生活的动力，理是人生的航标。失去方向和理智的执着最可怕最危险，所以方向比速度更重要。

◆当一个人的心真的变了，其他方面才能变，心就是一个人做事的立场，即出发点和落脚点。

◆一个人做事突破了底线，他无论如何高谈阔论在我心目中都不会有地位，甚至会影响他有效传播真理。

◆教育的功利主义不但害了我们的孩子，还使一些教育人丧失了良心和道德，毁了教育这片净土。

◆通过肯定而肯定不了的东西就是可靠的否定，通过否定而否定不了的东西就是可靠的肯定。我们做任何事情首先明确目标，再寻求途径，必须选择合乎于道、合乎于理、合乎于情的方式。

◆认识什么最难，认识自己最难；做什么最难，做真正的自我最难。

◆当我们对一个人的人品怀疑时，我们会怀疑他宣传的真理是谬误。

◆如果把一种东西说成是万能的，或者神乎其神，那一定不是真理，因为所有包治百病的药都是假药。

◆世界上的事物不是非黑即白，还有许多过渡的颜色，所以不能全盘否定任何一个事物。

◆不能盲目崇拜任何一个人，我们要听其言，还要观其行，言行不一致的人，不值得我们一交，更谈不上崇拜。

◆高处的人看低处的人很渺小，低处的人看高处的人同样渺小。

◆所谓失败就是告诉你此路不通，同时也告诉你重新开始。

◆如果所有的人都站在船的一边，那么船就无法顶住风浪。

◆聪明其实就是把与人相同的聪明用到与众不同的地方。

◆知识是一种使求知者吃得越来越觉得饿的粮食。

◆教育领导者一要走进教育的田野，从一线中获取精神营养和力量，提出自己的教育主张和行动策略。二是不能让那些有信仰有良心的教师活得太累，也不能让那些没有良心和责任的人活得太轻松。

◆你不去读就不可能懂，不懂哪有真爱？没有真爱就没有真正的教育。

◆懂教育和真正想搞教育的人，他们一旦发现自己原来坚持的东西是错误的，都会勇敢地和真理站在一起的。站在真理的一边也就站在了人民的一边。

◆当我们对客观现实还没有真正读懂的时候，千万不要轻易地肯定和否定，如果我们真正读懂了，就要旗帜鲜明地支持或者反对，不能举棋不定，含糊其辞。

◆别总拿你的理论裁剪我们一线教师的实践，你应该用教师鲜活的教育实践检验和发展你的理论。

◆别比教师多看几本书，就在那里摆出一副专家的架势，趾高气扬地和教师对话。一线教师才是来自教育田野的真正掌握鲜活教育实际的专家。

◆一些个别的"教育专家"们，要对得起中国教育人对你的那份尊重与信任，对得起自己的良心与责任，不要信口开河把中国教育引入歧途。

微语论教育

一论教育的十个"第一"

◆教育局长的第一领导力是强有力的执行力。
◆校长的第一领导力是对课程和课堂的领导力。
◆教师的第一能力是激发学生的学习内动力。
◆教师的第一师德是相信学生。
◆学生的第一素质是学习能力。
◆课堂的第一产品是学生的能力素质和智慧,副产品是学习成绩。
◆教育的第一要务是为学生的终身发展服务。
◆教育的第一责任是让每个学生都成为最好的自我。
◆判断教育模式是否科学的第一标准是以教为本还是以学为本。
◆教育改革的第一突破口是课堂教学改革。

二论课改的十个"三"

◆判断教育工作得失的三个标准——是否有利于学生的成长与发展,是否有利于教师的成长与发展,是否有利于学校的成长与发展。

◆课改路上必须打破的三大壁垒——以关注升学率为目的的功利主义；以师为本、以教为本、以知识为本的本位主义；以教师讲、学生听为基本特征的简单僵化的模式。

◆传统教育无法破解的三个难题——全体学生的全面发展，学生的发展和教师幸福成长，学生素质与应试能力的同步提升。

◆教育信仰是否坚定的三个标志——是否构建了适合全体学生全面发展的教育理论，是否树立了让每个学生都成为最好的自我的教育目标，是否为自己的教育理想而不断探索与实践。

◆课改必须坚持的三个基本立场——坚持以学生发展为中心，坚持素质教育在课堂，坚持教为学服务。

◆坚持"学为中心"的三个内涵——学习必须变成学生自己的事情，学习必须发生在学生身上，学习必须按照学生的方式进行。

◆高效课堂必须树立的三个理念——以生为本、以学为本、以素质为本。

◆调整教学关系必须坚持的三个原则——以学定教、以学评教、以学促教。

◆高效课堂必须呈现的三大环节——预习、展示、反馈。

◆高效课堂必须把握的三大抓手——导学案、小组建设、课堂评价。

三论教育常识

◆教育是什么？教育就是为学生自我学习、自我构建、自我成长提供条件的，所以教育即条件。

◆学生是什么？学生只有在"学"中才能"生"。"学"是"生"的内因。

◆教师是什么？教师就是那个为学生自我成长整合教育条件的服务者。

◆学习是什么？学习就是学生自我构建的过程，即构建知识体系，能力体系，方法体系，道德体系。

◆学校是什么？学校就是学生学习和成长的环境和重要条件。是学生成长外因的重要集合体。

◆课堂是什么？课堂即学堂，是学生体验生命成长，为生命发展奠定基础的场所。

◆教是什么？教是学生成长外因当中的最重要的外因，即最重要的条件。

◆分是什么？分就是学生在学习过程中形成学习能力、优秀品质和健全人格的同时形成的副产品。

◆校长是什么？校长就是为学生成长和教师成长整合各种条件的服务者。

◆教育局长是什么？教育局长就是心里始终装着学生和教师的成长，让教育始终不离开本真的那个导航者。

四论我眼中的教育

◆教育的以人为本的基本含义有两个：一、教育发展以教师为本；二、教育目的以学生发展为本。

◆教育的出发点是从人性出发，教育的归宿点是让人成为人。

◆中国教育投入不足这是事实，但我认为，我们现在教育的产出与我们的教育投入也相差甚远。

◆教育立场决定教育观念，教育观念决定教育方法。立场错了，一切都是错的。

◆中国的教学最简单，我会什么就讲什么，不论你需要什么，我只有一个药方，吃了管不管用我不管。

◆唤醒教师的教育信仰，更新教师的教育观念，改变教师的教学模式是当前教育工作的三大重点也是三大难点。

◆我们的国力真的增强了，但我们还没有真正拥有与国力相适应的强大内心，要想让我们的民族真正强大，就要让我们的民族有强大的内心，修炼强大内心，教育责无旁贷。

◆今天的中国，凡是用钱能够解决的事情，在教育上都是小事情，而不能用钱解决的问题才是大问题。你用钱可以改善办学条件，你能用钱解决教师的信仰吗？你能用钱改变教师的观念和方法吗？所以，教育的内涵式发展，必须遵循教育规律办事情才能做得到。

◆素质教育是一项关系民族命运的重大系统工程，只有政府启动，教育部门推动，科研牵动，全社会联动，学校真动，方能成功。

◆应试教育用一句话概括，就是用牺牲大多数学生发展的方式谋求少数学生的片面发展。素质教育用一句话概括，就是让全体学生主动全面发展。

◆教育也要实现两个转变，即教育观念的根本转变和学生学习成绩提高方式的转变。

◆教育改革不仅需要一切为学生的敢于担当的情商，还需要具有能力和智慧的智商，更需要有敢于在困境中破冰的胆商。

◆一些功利主义者，不去做耐心细致的群众工作，而是借少数人反对而停止改革，没有一项改革是一帆风顺的，任何一项改革都是利益的重新分配，教育改革就是让学生实现受教育的利益最大化。

◆我们应该把自己的思想和行动策略变成教育人的自觉行动和人民群众的强烈需求，当群众不理解而反对我们的时候，说明我们的工作还没有到位，如果以一些人不理解或者反对为理由，而放弃我们的正确选择，那不是简单的放弃，而是我们放弃了敢于担当的责任。

◆懂了还不去选择担当比不懂的人更可恨。自己不去担当还去攻击敢于担当的人比可恶的人更可恶。

◆不要期望那些不懂你的人能够懂你，如果他们懂你了，你的人生就失去了意义。

◆教育观念的错位导致教育常识的错位，教育常识的错位导致教育行为的错位，教育行为的错位导致教育结果的错位。

◆改变人是世界上最难的事情，也是世界上最有价值的事情。教育如果不能改变我们的学生，不能改变我们自己，就会变成世界上最没有价值的事情。

微语言课改

◆改革者站在为人民谋求利益的立场和历史的高度，要通过改革化解已经显现的和潜在的危机，那些功利主义者站在自己的立场上怕改革给自己带来眼前的麻烦或者失去既得的利益。

◆表面的风平浪静也许蕴藏着更大的危机，危机一旦爆发就会给我们的事业和民族带来重大的损失，所以，我们的改革必须时刻走在危机的前面。

◆反对改革者总是打着"一切从实际出发"的旗号拒绝改革，你千万不要期盼他真正出发，即便他出发了也和我们的方向相反，因为他们心中的"实际"和我们的不同。

◆任何改革都不可能十全十美，因为任何事物都有自身的缺陷，正因为有缺陷，改革才成为我们永恒的主题。

◆任何改革都不可能一帆风顺，因为任何改革都是利益的重新调整，既得利益集团一定要组织那些没有觉悟的人们疯狂反对改革。因为真正的改革一定会给他们带来危机。

◆改革者要以"天变不足畏，祖宗不足法，人言不足恤"的改革精神，以"不畏浮云遮望眼"的宽广视野，以无私无畏的责任担当真正把改革引向深入。

◆我们反对形而上学，我们不能孤立、静止、片面地看问题。但我们提倡"行而上学",我们要通过行动进行研究。

◆大自然中千差万别的植物,我们看到的差别都是现象,其实真正不同的是那颗人们根本看不见的埋在土里的种子。

◆我们想告诉孩子一件事物是什么样的,总是把这个事物先弄得支离破碎,告诉孩子们事物的各个部分,结果孩子学完之后,还不知道事物的全貌是什么。这种元素化的教学方法其实就是形而上学的方法。

◆如果我们不对教育的基本常识有一个突破性的认识,不对一些传统的教育概念进行颠覆,我们就不可能构建新的教育理念,当然也不可能有新的教育行动。比如课堂纪律,我们往往把肃静看作是课堂纪律好。其实,课堂纪律不好应该是学生的精神流失率高,只要是学习,不论动与静都是好的课堂纪律。

◆我们之所以乐此不疲地做一件事情,并不在乎别人对我们的评价如何,关键是事情本身有魅力吸引我们。所以,要想让学生真正学习,评价只是一个外因的杠杆,关键是我们如何挖掘儿童的好奇心和表现欲,如何用学科的魅力吸引他们的好奇心。

◆你要想让教师热爱教育,教育就必须是一项有魅力的事业。有魅力的标志就是教育者在教育的过程中始终受到教育,如果教师的心灵不断净化和成长,教育就变成了教师的生命过程。人哪有不热爱自己生命的。

◆质疑和展示是关于"学"的文化,追问和反思是关于"教"的文化。这些课堂文化就是教育文化的核心内容。我们必须把学校建设成有文化的场所。

◆到目前为止,我还没有发现比学生本身更大的教育资源,利用学生之间的差异缩小学生之间的差距是最有效的方法。

后记：区域课改的推进策略

我国基础教育的新课程改革，正在由点到线、由线到面进行推进。如何在一个地区推进新课改，已经成为我们研究的一个重要课题。新课改是用"学中心"取代"教中心"的一场深刻的教育革命，这场革命就像日心说代替地心说一样，需要有一种敢为天下先和不怕困难与牺牲的勇气和魄力。如何增强改革魄力，寻找改革的动力，破解改革的阻力，提升改革实力，这是推进区域课改策略的基本内容。

策略一：洗涤心灵，唤醒激情

中国教育存在问题已经成为大家的共识，但为什么改革的步子如此缓慢和艰难？最重要的原因还是我们缺少改革的勇气和魄力。这种勇气和魄力来源于我们对民族前途的忧患意识，来源于我们对学生发展的责任意识，来源于我们对教育现状的不满，来源于我们对教育本真的追求。因此我们要洗涤我们的心灵，唤醒我们的激情。

一是剖析学生的生存状态，增强改革意识。学生的学习负担特别重，天天围绕分转，许多学生厌学甚至辍学，这样的教育能不能让学生健康成长？能不能让教师发展？能不能为社会培养人才？面对这样的教育现状我们必须进行改革。

二是剖析教师的生存状态，增强改革意识。教育基本上成了没有创造性的劳动，天天重复那些考试的内容，致使我们有许多教师产生了职业倦怠，丢失了职业幸福感。改革就是让教师成就学生的同时也成就自己。

三是剖析学生的成功轨迹，增强改革意识。有许多高分学生在社会各界不能够成为领军人才，教育发展与人才成长脱节，与社会需要脱节。所以改革就是让教育回到本真，让学生真正成为人。

四是要通过学习参观产生心灵震撼。要组织校长和教师到课改名校参观学习，让他们看看这些课改的学校是如何以人为本、关注生命的，学生是如何快乐学习、快乐成长的，教师是如何快乐育人幸福生活的，让他们产生一种心灵的震撼和强烈的改革愿望。

策略二：协调各方，争取领导

课堂教学改革如果是教育部门孤军作战很难成功。培养合格人才是全社会的责任，那么我们要真正改革就必须赢得各界的支持，必须赢得各级领导的理解与支持。要让领导明确两个问题，排除两个担心。

我们要让领导明白两个最基本的问题：一是课堂教学改革与素质教育的关系，明确课堂是素质教育的主渠道；二是课堂教学改革与教育均衡发展的关系。教永远也不可能均衡，只有学的均衡才能真正实现均衡。课堂教学改革就是要真正实现教育的内涵发展均衡。

领导最担心的两个问题：一是改革是否造成成绩下滑，二是改革能否影响社会的稳定。这是我们课堂教学改革的两条警戒线。领导认可了就会支持改革，就会把课堂教学改革变成地方政府的重大民生工程，就会参与课堂教学改革并始终站在改革的前沿，为我们的改革创造良好的环境。

策略三：以点带面，寻求突破

中国基础教育到了非改不可的地步，改革不是头脑一热，也不可能一蹴而就，需要教育立场的转变、教育观念的突破、教育模式的创新、教育行为的改变。在这些条件不能完全具备的情况下，我们要有只争朝夕的精神，必须首先选择那些条件成熟的学校先搞起来，让他们先闯出一条道路，争取点上的突破。

选择有改革意识的校长的学校进行试点——有一个好校长才能有一所好学校，课改如果发生在校长身上，改革就可能成功。选择有激情教师队伍的学校进行试点——教师是课改的主力军，如果教师不热衷改革，改革也是一句空话。选择敢于创新的学校进行试点——学校如果有一种不断探索的创新精神，才能真正投入课改，所以我们要选择这样的学校开展课改才能走出一条新路。试点可以规避风险，减少改革阻力；可以给别人引路，让别人少走弯路；可以总结一些经验和教训，增强区域改革的信心与决心。

策略四：积极加盟，学习借鉴

第八次新课程改革以来，全国各地都在积极探索与实践，随着实践的不断推进和发展，形成了许多课改的流派。我最欣赏的是以山东杜郎口为代表的高效课堂。它的基本特点有两个：一是提倡素质教育在课堂，二是提倡以学为中心。全国这样的区域和学校很多,所以我们不能孤军作战,要积极联合起来,相互借鉴,搂抱发展。比如加盟中国区域课改共同体、中国教师报·名校共同体,区域内的同类学校也可以组成协作体。第一,要相互借鉴,把一些规律性的普适性的经验借鉴过来,免得走弯路;第二,要资源共享,形成合力,共同发展;第三,把一些难题和困惑整出来,共同探讨合力攻坚;第四,教师之间相互交流,相互学习,共同进步。近几年,中国教师报在课改方面做了大量的工作,也给了我们许多帮助,使我们的改革不断深入,不断发展。

策略五:名师先行,典型引路

课改如果不成为教师的追求,不真正发生在教师身上,就不可能成功。课改的真正阻力其实来自教师,如果我们的教师都积极投身于课改,那么其他的阻力就很容易破解。所以我们要首先把那些课改的名师组织起来,我这里说的名师不是传统的名师。传统的名师是靠讲打天下的,而高效课堂的名师是专门靠发动引导学生学来打天下的,这支队伍就是我们教育的一股新的革命力量,我们如果把他们组织起来,发挥他们的带头作用就会破解许多难题。辽宁葫芦岛市南票区成立了南票课改名师俱乐部,构建了南票课改名师博客群,在网络平台上讨论问题,交流体会,开展各种活动破解课改难题。

策略六:破解困惑,技术突破

课改的初期,我们如何重新确立教育立场?如何转变教育观念?当我们真正走进实际课堂的时候，课改的技术就成为我们建设高效课堂的主要瓶颈了。如何破解技术难题，从思想上我们应遵循这样三个原则：第一，学生是课堂教学的最大资源，这是最根本的技术；第二，利用学生是高效课堂的核心技术；第三，导学案、小组建设、课堂评价，课堂流程是高效课堂的关键技术。高效课堂有技术，但我们不能陷入技术的泥潭，应在这样原则的指导下，进行技术攻关。

一是通过与学生探讨破解难题。学生喜欢的方式就是最好的方式，我们往往苦思冥想办法的时候，学生就会让我们豁然开朗，找到解决问题的答案。

二是通过教研破解难题。高效课堂的魅力就在于每天都生成问题，如果破解了问题，我们就会不断前进。我们要坚持问题即课题的原则，让教师进行研究和讨论，共同破解技术难题。

三是通过网上讨论破解难题。我们每半个月都组织一次网上讨论，事先要收集话题，这些话题都是有关课堂建设的困惑，通过名师俱乐部的讨论，整理出提纲，供大家参考。

策略七：创新评价，引领方向

评价具有引领、激励、矫正的作用。传统的评价就是评价教，通过评价教来评价教育，这样的评价让教育离开了本真，给学生和教师增加了许多负担，如果我们还用传统的评价方式去评价高效课堂条件下的教育，那么课改的实践就很难深入。因此我们必须构建一种评价学生学和自我管理的评价体系，要明确什么是好教育、好学校、好校长、好教师、好学生、好课堂、好文化，然后制订和完善我们的评价体系，用评价做杠杆制约和牵动全局。在评价体系当中，最重要的是要构建一套课堂评价标准。我们提出课堂要看七度，即师生情感有温度，学生参与有广度，自主学习有强度，学生合作有效度，学生探究有深度，教师点拨有尺度，课堂文化有高度。通过改变课堂评价标准，进而改变评价学校、校长、教师、学生等标准，通过评价标准的改变制约和牵动全局。

策略八：创新培训，改变教师

改变教师才能改变课堂，改变课堂才能改变教育。因此，教师角色的转变就是课改的一个关键问题。教师角色的定位是什么？如何改变教师的角色？这是两个最重要的问题。新教师不但要有激情，有真情，有才情，更重要的是要从传统的一统天下的"一言堂"的绝对权威中转变出来，要把教育和学习的权利交给学生，构建一种新型的师生关系和一种新型的教学关系。我们目前的培训工作，要从提高教师的知识水平的方面转变成教师角色转变的方面上来，让教师转变观念，转变角色，掌握课改核心技术。如何转变教师的观念呢？一是要通过体验式培训转变教师的观念，我们要改变那种满堂灌说教式的培训，要用高效课堂的组织形式去培训教师，让教师体验到课堂教师应该做什么。二是通过一系列的活动转变教师的角色，看一看课改名师是怎样上课的。三是在课改实践中逐渐转变角色。教师角色改变了，课堂就改变了，教育培养模式就改变了。

策略九：开放课堂，各界参与

课堂教学改革中会遇到许多阻力，所以要想破解这些阻力，不但要靠我们内心坚定的教育信仰去和那些功利主义的人去辩论和斗争，而更重要的是要靠我们卓有成效的教育实践来赢得社会各界的支持。课堂教学改革进行到一定程度，就要把我们的课堂进行开放。要邀请社会各界人士和家长进入我们的课堂，让他们现场感受我们的课堂效果；要召开不同层次的座谈会，让他们提意见，出谋划策，改进我们的课堂。通过这些活动，一方面不断改进我们的课堂，构建人民满意，学生快乐，教师幸福的课堂。另一方面要让各界真正了解我们、理解我们、支持我们，形成强大的改革氛围，为我们的改革创造一个良好的环境，减少改革阻力，不断将改革引向深入。

策略十：结合实际，发展创新

我们要善于借鉴其他区域的先进的教育理念和教学模式，把那些具有科学性普适性的东西拿来为我所用。有一些学校张口闭口要一切从实际出发，具体问题具体分析，去排斥学习先进的经验。我们有许多学校不知道自己的实际是什么，也不知道什么时候出发。但学习其他区域的经验不能照抄照搬，不能把教学模式搞成模式化，我们要提倡站在巨人的肩膀上再上新台阶，要鼓励创新，发现创新，总结创新，要走好临帖—破帖—创帖三部曲。现在有一些学校不结合自己学校的实际，照抄照搬别人的模式，观念不转变就去构建新课堂，从一招一式学起，结果是困惑重重不能破解，阻力重重不能冲破，这样的改革没有生命力。我们要结合实际，在大的框架下学习借鉴别人，还要在自己的特殊条件下有所突破。

附 录

任永生的哲学教育观

——写在任永生局长新书《教育即人学》出版之际

中国教师报 高 影

任永生,一位另类教育哲人。说他是哲人,是因为他很"哲学",从辩证法、资本论、毛泽东思想到孔孟老庄,无一不晓,乃至他的思维及表达也是完全"哲学"化的辩证,严密、逻辑性强。说他另类,是因为他少有哲人深不可测的冷峻,却又不乏其内敛、深刻之气质;从不开怀大笑,总是一副平淡、沉稳的表情,非常高兴时,又会咧咧嘴角,目光纯净、清澈,这实在与贤哲大儒之深邃风范有悖。

哲学没有一丝急功近利的烟火气,一身哲学气的任永生亦是如此。哲学为每个亲近他的人提供心灵的安慰和给养。正如18世纪德国著名浪漫主义诗人诺瓦利斯所言,哲学的本质就是精神还乡。任永生不但是哲学的受益者,还是一个传播者,他是哲学与教育的双载体,试探着用哲学解析教育难题。

教育的难题是什么?回首新课改十年,教育专家对许多理论的阐释极尽神秘之能事,根本无法在课堂教学落实,导致了操作时难以把握尺度,许多教师看了以后仍然是一头雾水,不知所措。君不见,在当下的课改热潮中,每所学校,每位教师都想创特色:有的学校热衷于剪纸等民间艺术;有的学校倾情于国学的研究;有的教师对作文情有独钟,文学社搞得有声有色，学生也佳作连连，常常见诸报刊；有的教师对奥数满腔热情，学生前赴后继，争金夺银……更多的教师总是热衷于从所教课程的一点去搞突破、创亮点，谁有心思、有时间去追问教育到底是什么？

这种看似繁华、实则偏离本质的乱象，显然是窄化和浅化了教育的宗旨，不知不觉中，有意无意中沦为了沽名钓誉的工具。教育者，在信仰、责任缺位的情况下，好比迷途羔羊。究其原因，是我们缺失了哲学的整体审视。当下，教育改革迫切呼唤哲学思维的介入，唯有哲学才能给处于爬坡和转弯阶段的新课改以力量，才是破解教育难题的密码。这正是任永生上任南票区教育局局长以来，针对教育的哲学思考。在他看来，哲学为新课程改革的"目的和方法"提供了强大的理论支撑，提供了组织学校和班级的可行性框架，建构了个人的观念、信仰和价值体系，它教给我们透过事物的表象看到原因、联系及其本质，看到未来的发展，形成一种决策及据此行动的框架。

在他看来，哲学是行动的指南针，是自我成长的动力源，是人的一颗慧心、一双慧眼。当代社会及其学校正发生着根本而迅速的变化，课改也到了关键时刻，这种特别紧急的情况迫切需要哲学的指导。正如威廉·范蒂尔所说的："我们行动的方向就在我们的指导哲学中……没有哲学，我们就会在行动之时不知所向，就像狄芬·里考克笔下的角色一样，'冲出房间，飞身上马，四处狂奔'。"如果哲学没能在课程和教学中发挥作用，那么，教育就会如上所述，拘泥于利益的沼泽，就会脱离实际情况而一团糟。

在《教育即人学》一书中，专门有一部分是"关于思想与行动的辩证法"，任永生用哲学的思辨解读了许多教育常识，可谓独具匠心，发人深省。

在书中，任永生有这样的阐述：哲学的本质就是求真，教育只有在哲学的指导下才能真正找到自我；也只有找到教育的本真，教育人才能真正做到大道至简。哲学从来也不可能披上功利主义的外衣，因此在辩证唯物主义哲学的指导下，才能真正确立让全体学生全面发展的教育价值观。哲学从来不否定矛盾，矛盾是一切事物发展变化的动力，所以改革就成为教育发展的不竭动力。哲学告诉我们内因是动力，外因是条件，因此，"学"就是高效课堂的逻辑起点，"教"是"学"的重要条件。哲学从来就不会屈服于传统权威，因此，改革就是一场挑战。哲学从来不主张空中楼阁的高谈阔论，它告诉我们必须知行统一，因此科学性指导下的行动就是南票教育人的最高准则。

南票区的教育改革，正是站在哲学的高度，以高效课堂为核心整体推进的素质教育。任永生坦言，推进的新课改，是用"学中心"取代"教中心"的一场深刻的教育革命，是一场就像日心说代替地心说一样的革命，革命需要有一种敢为天下先和不怕困难与牺牲的勇气和魄力。在《教育即人学》一书中，你会清晰地看到他以辩证唯物主义作为望远镜、显微镜和照妖镜在不断展望教育发展，探索教育改革的方法与途径，批判功利主义的目中无人的教育。我相信，他的《教育即人学》会给热衷改革的教育人更多有益的方法论启示。

教育的"永生"和"永生"的教育

——写在任永生局长新书《教育即人学》出版之际

中国教师报 韩世文

中国教育界不缺少名人，但真正将教育视为信仰和毕生追求的恐怕不多。

如果以年轻的《中国教师报》作为圆点，以中国的新课改为半径，梳理这样既具有责任感和使命感，又能扎实践行"人学"教育的教育人，应该说近两年来确实涌现了不少，不过很多借助课改成长起来的教育人，依然只是"名人"，而并非真正有担当、有信仰，可以引领风骚，且令人敬重又最接近教育家的教育人。

在这些我所熟悉的人中，我最敬佩三个人：一个是被称为"课改疯子"，立志通过课改改变教育，继而改变中国的教育媒体人——中国教师报编辑部主任李炳亭；一个是始终默默埋头苦干，却被许多课改人奉为"导师"的标志性人物——山东杜郎口中学校长崔其升；还有一个，是继郑州市教育局副局长田保华之后，迅速成长起来，并且对于教育理解颇为通透，对课改非常执着，追求简单纯粹的一位区域教育主政者——辽宁省葫芦岛市南票区教育局局长任永生。

在中国教师报打造"有教育信仰的传媒铁军"的时候，以任永生局长为代表的一大批教育主政者，也同时加入到了这支队伍中来。他们是中国教师报的"编外人员",更是行走在教育一线,引领着一方区域坚定地走课改之路,为一片片教育的"解放区"连成片,最终"解放"全中国而冲锋陷阵的教育"官员"。可以想象,没有他们的课改行动,就无法在基层真正地快速推动,更无法将国家的意志、中国教师报的追求、师生幸福的企盼、人民满意的要求真正落实到行动中,落实在课堂上。

由此观之,"任永生们"在与中国教师报,或者说国家的新课改一同成长、发展并走向"深水区"的过程中,才是真正的"功臣",才是真正的创造者和推动者。

那么,这样的人物中间,总会有人走得快,走得远,总会有人擎起一面旗,立在高处大声疾呼:中国教育到了最危险的时候,行动起来,只有课改才能救中国!而这个人,无疑就是任永生——那面水晶的课改"红旗"纪念碑,就静静地摆放在他的家中,那是赠送给参与中国教师报"课改中国行"活动宣讲专家的纪念品,而他,正是这支宣讲专家团队中,第一位教育局长。今后肯定还会有更多的教育局长加入到这支队伍里,但是第一个参与者的象征意义,却也不容抹杀。

仔细比较这三位教育专家,他们似乎都是为教育而生:李炳亭更多的是一位课改的思想引领者,讲台上大气也好,霸气也罢,他总是"剑"指天下,因为他的背后是一个国家级媒体;崔其升更多的是一位最基层的办学实践者,在学校里亲和也好,严厉也罢,他潜心一校办学,却也以一校之力,让天下课改人戮力同心;任永生则正好处于他们两人中间,上没有国家大"背景",下没有学校做试验田——做课改的践行者,处境似乎有些"尴尬"。但他的"权力"又明显高过作为媒体人的李炳亭和作为一校之长的崔其升,实际作为又似乎比他们两人会更大。

因此,当属于教育的"永生"局长认准了课改,认清了教育本质的时候，在这样矛盾的身份与处境中，他的现实作为，的确也显得有点"不软不硬"：他既不能彻底而强硬地以行政推动的方式，做不"人性"的教育改革，也无法拥有一所学校试验田，全力践行课改；他既不愿意只保稳定安全，死抓分数升学，做庸碌无为或者急功近利的教育官员，也不能下狠手撤换掉所有不课改的校长、干部，做个"一刀切"的拼命局长。

那么，他的作为从何而来？

没有统一的认识，他就先拉近部分"明白人"，从试点学校开始，进而寻求全面开花的好局面；没有课改的专项经费，他就在有限的范围内调整经费的分配比例；没有帮手，他就通过建立俱乐部，成立课改工作领导小组……社会大环境无法改变，他就借助外力，从小环境的改造做起；反对和质疑的声音不绝于耳，他就尽量低调地行动，尽量拉着想改的跑，给不会改的提供方法……

他非常清楚：最终课改还是要发生在教师身上，想到和得到之间，必须要教师做到。因此，改变教师的行动急不得，真正成功的课改，必然是以师生共同的自发的行动作为基础，从而实现每一位师生的个性成长。

为了触及传统教师的心灵，让功利主义者退缩，他们通过去全国课改名校学习参观，请课改专家和课改名师做报告和做课，洗涤心灵和转变观念；通过课改名师俱乐部、课改教师博客群、中小学课改组协作体开展了丰富多彩的课改活动，增强教师的信心；通过多次召开家长会、课堂开放日，让家长了解课改知识；通过改革成果展示让教师认识到课改是一项伟大的功德事业……

这条实践的路很长，很艰辛，但是正如胡适先生所说的，"怕什么真理无穷,进一寸有一寸的欢喜",最重要的,是每一个人都从自身做起,行动起来,特别是像他一样,握有一定"权力",能够真正推动课改进程的基层教育主政者。

基于此,我们似乎把任永生局长定位为一个行动者的角色——尽管这也是他最为看重的品质之一,但是就像中国教师报颁发给他的奖杯是"全国十大最具思想力教育局长"一样,他的价值,似乎还更应该在"思想力"上。

作为中国教师报的一位资深撰稿人,作为目前发表在中国教师报上作品最多的县区教育局长,任永生的"思想力"以及他对教育认识的通透和对课改解读的全面,的确在县区教育主政者这个层面很值得推崇。当然,这仅仅从他发表的作品中,无法完全体现。

《教育即人学》的书稿传递到我手中的时候,我才真正明白:这两年来,他尽可能躲开一切应酬,在行政事务之外的忙碌为了什么;也更加明白,为什么凡是有学术氛围的地方,谈课改的地方,以及中国教师报的编辑部里,总会有他的身影;更理解,为什么许多深夜,他也在遥远的东北,陪着我们这些"夜猫子",挑灯夜战……一切,都在今天呈现在给读者的书里,一切都在他字里行间的清醒和执着里。

正如他在对当前功利教育的"拷问"时指出:传统教育"立场错位、观念落后、模式僵化、事倍功半;传统教育目中无人、目光短浅、急功近利、道德缺失;传统教育远离本真、远离功德、学生厌学、教师厌教"。

因此,我们才常常能见到这样的教育"怪现状":让学生学习很多终生没有用处但决定一生命运的东西;让教师做那些与学生发展和自身成长没有关系的事情;让校长没有时间和精力去关注他最应该关注的课堂教学；让那些根本不懂教育究竟是什么的人在教育的领域指手画脚；学习最好的学生不一定能够成才，学习成绩一般的学生往往有大作为；有许多职称很高的教师不会讲课，而职称却是论资排辈的产物；越是被评为优秀的公开课，就越是学生没有收获的课；我们让学生读了无用的书，然后我们还说读书无用；把那些琳琅满目的文字和图画认为就是校园文化，其实我们许多学校根本没有文化；如果能够把优质学苗抢到手，学校就成为名校；把有激情的人说成浮躁，把真正浮躁的人说成真抓实干；课堂成为教师表演的舞台，学生成为课堂的观众，弄得演员和观众都苦不堪言；最有潜力的市场就是课外补课班，因为每个家长都望子成龙；城里学校的教室座无虚席，水泄不通，农村学校人烟稀少，冷冷清清；"学生是课堂的主人"的口号响彻云霄，我们却常常对我们的主人发号施令；把那些课外活动小组当成素质教育的主战场，把课堂当成了传授知识的主战场；学生厌学、教师厌教已不是个别现象，学生大面积辍学，教师想方设法弃教从政；天天喊减轻学生负担，我们把减量当成了减负，却不从激发内动力上下功夫……

他在追问：为什么我们的教育与人的成才没有必然的联系，我们应该如何反思我们的教育……但反思是为了更好的前进，前进的首要任务是认清教育的"本质"，找到改进教育工作的"路径"。

他并不灰心，他还试图回答"教育究竟是什么"的问题：

"教育不但能够改变学生的命运，还可以改变一个民族的命运。因此，教育即事业。教育必须遵循学生身心发展规律，教育必须遵循社会发展规律。因此，教育即科学。教育是用心灵塑造心灵，用爱点燃学生心中的爱。因此，教育即艺术。教育就是唤醒学生的内心需求，就是为学生成长提供合适条件的。因此，教育即条件。教育过程就是让学生体验生命的快乐，并为学生生命成长奠定基础。因此，教育即成长。教育必须一切从人的天性出发，教育必须让人真正成为人。因此，教育即人学。"

总的来说，"教育的一切出发点和落脚点都应该是我们的学生，为孩子发展做事是我们唯一重要的事情……教育必须给予学生终身发展有用的东西，必须让每个孩子都成为最好的自我……"但是，我们现在没有做到这些，"要想真正做到这些，唯一的办法就是不断深化改革，探索新的育人模式，让新的教学模式能够真正承载'一切为了学生，为了学生一切，为了一切学生'的科学思想"。

因此，在任永生"人学"的理论体系里，不管是宏观的大气的解读，还是微观的细致的思考，最终面对发展改革问题，他给出的"药方"就是课改——这是目前唯一也是最重要的改进教育工作的"路径"。

正是基于这样的认识，任永生清楚地认识到：教育条件和教育行为都是为学服务，学是学习和成长的内因："学习就是学生利用已有的知识和能力进行知识体系和能力体系的自我构建过程。学生只有在'学'中才能'生'。教育是为学生自我学习、自我构建、自我成长提供外因条件的。"

所以，"教师就是为学生自我构建和自我成长整合教育条件的服务者；学校就是为学生学习和成长提供重要外因的集合体；课堂是学生体验生命成长并为生命发展奠定基础的重要场所；教学是学生成长外因当中最重要的条件即最重要的外因；分数是学生在课堂上形成能力和素质的同时形成的副产品；校长是为学生成长和教师成长搭建平台的服务者；局长是为了学生和教师的发展让教育始终不离开本真的导航者"。

有了对学习的本质认识，任永生又进一步分析发现："教育存在的一切问题的根本原因,就是教育观念的落后,而教育观念落后的根本原因,就是我们对教育基本常识的认识存在误区。"我们必须"从思想上让教育回到本真"。

他清楚:要想让教育回到本真,就必须进行人才选拔制度和课堂教学模式改革。"只有双轮驱动,教育改革才能成功。"

但是,作为一名基层教育工作者,又不能坐以待毙,不能等到教育改革后,再去改革课堂。"我们要用课堂教学改革促进教育体制的变革,课堂教学改革就是教育改革的支点"。

传统课堂无法解决三个问题:一是不能解决全体学生全面发展的问题;二是不能解决全体教师共同发展的问题;三是不能解决素质教育与应试能力同步提高的问题。课改,首先就是要实现"三大转变",即:由以师为本转变成以生为本,由以教为本转变为以学为本,由以知识为本转变为以素质为本,从而建构新的课堂教学模式,并进一步形成新教育观的体系。

当他的话语系统真正抵达"课改",他又进一步分析课改中必须研究的基本问题,即:课改的地位问题、立场问题、观念问题、动力问题、阻力问题、误区问题、技术问题、途径问题、策略问题、理论问题。而打破课改的三大壁垒:一是必须推翻教育的功利主义;二是抛弃师为本、教为本、知识为本的本位主义;三是打破僵化单一的课堂教学模式。

因此,他说:"推翻压在我们头上的三座大山——功利主义、本位主义、僵化模式——是我们课堂教学改革的根本任务。"而"唤醒教师的教育信仰,转变教师的观念,转变教师的角色,推行科学的教学模式是我们当前的主要任务";"课改的基本目标就是构建高效课堂,实现高效率与高效益的统一"。

在他看来，课改的目的是让全体学生和教师全面发展，课改的核心理念是学生是课改的最大资源，课堂教学的最核心技术就是学习，课改关键技术就是导学案，课改基本流程是自主学习、合作学习，课改的基本动力是教师职业幸福感的回归和自我价值的实现。

提出了课改的"任务"和"目标"，认准了"高效课堂"，他又进一步将中国教师报推行的"高效课堂"进行重新解读："高效课堂不是一个课堂概念，而是一个教育概念，追求的高效率和高效益的统一。高效率就是让学生乐学、会学、学会。高效益就是通过自主、合作、探究的学习方式，培养学生的能力，培养学生的优秀品质和健全人格……支撑高效课堂的三大理念是以人为本、以学为本、以素质为本。"

"模式就是生产力"，但模式只是"技术"问题。课改一旦进入"技术"的泥潭，肯定走不远，因此，任永生更希望通过课改，"构建一套具有正确的教育立场、先进的教育理念、科学的行动策略、革命的创新精神的教育学"。这项打着任氏思考和南票区教育人实践烙印的"教育学"体系，是在"冲破传统、冲破世俗、冲破功利、冲破权威、冲破自我的基础上构建起来的，是一个以学为中心的理论体系和行动模式体系"，并且必须具有现实性、科学性、普适性、开放性，"只有这样，教育才能有生命力，从而不断丰富发展"。

……

作为教育局长，任永生当然不能忘记思考区域教育均衡的问题，但他的思考与别人不一样："教育均衡发展并非是教育硬件条件的平均，教育硬件设施的均衡不但不能完全实现，也不能实现教育质量的均衡发展。教育质量的均衡发展就是让每个学生都能够成为最好的自我。我们不能期望靠教师教的均衡来实现教育的均衡发展，我们唯一的途径是构建一种以学为中心的教育教学模式，发挥学生的主动性、积极性、创造性，实现学生学的均衡，只有这样才能实现教育的均衡发展。"

作为主政一方的教育局长，他也为好学校建设指明了方向："学校应该成为植物园，为每个学生成为最好的自我提供最适合发展的条件；教师应该像植物园的园丁一样，懂得不同植物的不同习性，还要关注不同个体的不同状态，让学校成为学生生命狂欢的殿堂。"

建设这样的好学校，"要有先进的办学理念，办学理念应该体现三个面向：面向人性，面向生命，面向发展；要有科学的办学模式，教育教学模式要体现三个为本：以生为本，以学为本，以素质为本；要有学校的核心文化，学校文化要体现三个主旋律：博爱、创新、向上；要有先进的管理模式，学校管理要体现：依法管理，以德管理，民主管理，科学管理"。

总之，任永生给自己的"人学"总结为三句话："教育的出发点：一切从人性出发；教育的归宿点：必须让人成为人；教育的过程：遵循人的发展规律。"

教育，除此，无他！或许有人认为，这样的理论没有什么新奇，很多已经被无数次提及，有的实在是浅显，不足为奇。但恰恰是因为任永生所讲的道理浅显、实在，才更能让"枯燥"的理论打动人心；也恰恰是因为这样的思考全部来自于一线实践的再梳理，才显得弥足珍贵——因为这样的平实和浅显，才便于在广大的教育工作者群体中传阅——这也是在无数纷杂的教育理论著作之后，推出任永生的"教育学"著作的意义所在。

当然，对于任永生局长来说，这本书只是他教育人生第一阶段的一次系统梳理，并不代表着他的未来；这样的理论成果，也只有用来进一步引领和指导他和南票教育人的实践,才能凸显出更大的价值。

"永生"的教育,凝结成了今天出版的《教育即人学》;从"人学"起步,教育的"永生",未来不可限量,我们仍可以在畅意的阅读中期待!

信仰不灭,教育"永生"!

图书在版编目(CIP)数据

教育即人学：一个教育局长的行动研究/任永生著. —济南：山东文艺出版社，2013.3
ISBN 978-7-5329-3786-8

Ⅰ.①教… Ⅱ.①任… Ⅲ.①中小学教育－教育管理学－研究 Ⅳ.①G630

中国版本图书馆 CIP 数据核字(2012)第 232713 号

教育即人学

一个教育局长的行动研究

任永生　著

主管部门	山东出版集团
集团网址	www.sdpress.com.cn
出版发行	山东文艺出版社
社　　址	山东省济南市英雄山路 189 号
邮　　编	250002
网　　址	www.sdwypress.com
读者服务	0531—82098776（总编室）
	0531—82098775（发行部）
电子邮箱	sdwy@sdpress.com.cn
印　　刷	山东德州新华印务有限责任公司
开　　本	710 毫米 * 1000 毫米　　1/16
印　　张	18.25　插页/2
字　　数	188 千字
版　　次	2013 年 3 月第 1 版
印　　次	2013 年 3 月第 1 次印刷
书　　号	ISBN 978-7-5329-3786-8
定　　价	32.00 元

版权专有，侵权必究。如有图书质量问题，请与出版社联系调换。

发现教育智慧
助力教师专业化成长
致力于高效课堂模式的推广与应用
服务于"新学校""新课堂""新教师""新学生"

教育发现书系隆重推出

类 别	书 名	作 者
高效课堂	高效课堂理论与实践——我们的教育学	李炳亭 著
	杜郎口"旋风"（修订版）	李炳亭 著
	高效课堂22条	李炳亭 著
	高效课堂九大"教学范式"	李炳亭 著
	我给传统课堂打0分	李炳亭 著
	高效课堂导学案设计	张海晨 李炳亭 著
	问道课堂：高效课堂理念与方法的26个追问	李炳亭 褚清源 著
	问道课堂Ⅱ：解读现代课堂常识与行动	郭瑞 梁恕俭 主编
	发现高效课堂密码（修订版）	于春祥 著
课改论道	教育即人学：一个教育局长的行动研究	任永生 著
	课改立场：一个区域教育的实践样本	李炳亭 褚清源 张志博 著
	中国当代课改档案	李炳亭 洪湖 著
	善待杜郎口——李镇西教学随笔	李镇西 著
	民主教育在课堂	李镇西 主编
	教育即道德	田保华 著
	蒋自立与自我教育	蒋自立 著
	问道中国教育：仰望教育的天空	雷振海 李炳亭 编
	问道中国教育：撬动教育的支点	雷振海 李炳亭 编
	问道中国教育：追寻教育的幸福	雷振海 李炳亭 编
	问道中国教育：改变教育的思维	雷振海 李炳亭 编
	问道中国教育：追溯教育的原点	雷振海 李炳亭 编
班主任修炼	发现班主任智慧：追求充满人性的教育	郭文红 著
	班级问题诊断	高影 编
	治班有招	高影 编
	治班有道	高影 编
	问题学生诊断	高影 编

教育发现书系隆重推出

类　别	书　名	作　者
校长修炼	学校管理的N个创意	王红顺 著
	活的教育	陶三发 著
	学校智道	褚清源 著
	校长之道	姚文俊 著
	学校管理智慧：教师成长	吴盈盈 编
	学校管理智慧：管的艺术	吴盈盈 编
	学校管理智慧：找到学校的魂	吴盈盈 编
	学校管理智慧：校长成长	吴盈盈 编
教师成长	冯庆元老师讲语文：一个乡村中学教师的语文人生	冯庆元 著
	教师成长那些事	林金炎 著
	师道：为师亦有道	马朝宏 主编
	李平老师讲语文	李平 著
	做幸福的老师	翟幸福 主编
	使人成为人	司家栋等 著
	课堂问题与争鸣	叶飞 编
	教师成长密码	叶飞 编
民办教育	中国民办教育观察	褚清源 著
区域课改之殷都样板	殷都样板：小学低年级导学案点评	姚文俊 金耀林 主编
	殷都样板：小学英语导学案点评（3—6年级）	姚文俊 金耀林 主编
	殷都样板：小学数学导学案点评（3—6年级）	姚文俊 金耀林 主编
	殷都样板：小学语文导学案点评（3—6年级）	姚文俊 金耀林 主编
	殷都样板：中学导学案点评	姚文俊 金耀林 主编
	为了学生的学	姚文俊 金耀林 主编
	分数大变脸	姚文俊 金耀林 主编
	做智慧教师	姚文俊 金耀林 主编
	模式就是生产力	姚文俊 金耀林 主编
	"主体多元"在殷都	姚文俊 金耀林 主编

地　址：山东省济南市英雄山路189号山东文艺出版社　　邮　编：250002
购书热线：0531—82098775　　投稿信箱：jiaoyufaxian@126.com
投稿热线：0531—82098789　　读者交流QQ群：69362448